해방선언

그리스도 예수 안에 있는 생명의 성령의 법이
죄와 사망의 법에서 너를 해방하였음이라

로마서 8장 2절

가스펠북스

들어가는 글

본서는 사도바울이 3차 전도여행이 끝날 즈음 고린도에서 3개월 정도 머물면서 기록한 일종의 로마 교회에 보낸 사도바울의 편지입니다. 사도바울은 이 로마서에서 예수그리스도를 통해 주어진 복음의 핵심에 대해 논리적이면서도 이해하기 쉽게 설명하고 있습니다. 이때문에 로마서는 복음의 요약서로불리기도 합니다.

이 로마서 말씀을 통해 종교개혁의 가치를 내걸었던 마틴루터는 이런 고백을 하기도 했습니다.

"이 서신은 참으로 신약성서의 주요한 부분이며 가장 순수한 복음이다. 모든 그리스도인들이 서신을 한 자 한 자 다 외워 알아야 할 뿐만 아니라, 영혼의 양식처럼 매일 그것을 다루어야 할 가치가 있다. 이 서신을 아무리 많이 읽거나 깊이 생각한다고 해도 결코 지나치지 않다. 왜냐하면 우리가 그것을 더 많이 다루면 다룰수록 그것은 더 놀라워지고 더 많은 유익을 주기 때문이다."

이런 마틴루터의 고백처럼 사도바울이 로마서를 통해 보여준 복음의 진수를 맛보는 것이 바로 가장 성경적인 신앙생활이라 할 수 있습니다. 저도 개인적으로 로마서

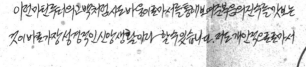

어린 양을 정말 좋아합니다. 복음을 깨닫고 나서 보니 그 차이가 더 사실적으로 느껴진 분만 아니라 묵상하면서 복음 더 깊은 깨달음을 줍니다. 아쉬워 그렇게 복음을 사실적으로 깨닫고 적용할 수 있도록 구체적으로 기록해 놓았는지 감탄을 금할 수가 없습니다.

성도 여러분도 제가 느꼈던 복음의 진수를 상세히 맛보고 남아 더 새 힘을 얻게 되기 바랍니다. 좋아서에 바로 그 마침과 해방이 있습니다. 이 묵상 해를 통해 모든 독자 여러분이 복음을 온전히 누리고, 복음이 이끄는 삶을 살아감으로써 영광의 증거를 맺게 되시기를 예수 그리스도의 이름으로 축복합니다.

2023년 1월

丁源七 牧師

01	복음으로 여는 새해! (로마서 1:1~7)	____	06
02	할 수 있는 대로 전해야 할 복음! (로마서 1:8~15)	____	16
03	복음 서밋! (로마서 1:16~17)	____	26
04	그리스도가 다 끝내셨다! (로마서 1:18~25)	____	34
05	복음 24! (로마서 2:1~11)	____	44
06	누구에게나 필요한 복음! (로마서 3:23~24)	____	56
07	제대로 복 받으셨습니다! (로마서 4:1~8)	____	66
08	정말 즐거우십니까? (로마서 5:1~11)	____	78
09	하나님의 은혜는 넘치게 임합니다! (로마서 5:12~21)	____	90
10	영적 품격이 있는 삶! (로마서 6:12~18)	____	102

11	누리라고 주신 복음! (로마서 8:1~11)	____	114
12	기대와 설렘이 있는 신앙생활! (로마서 8:26~28)	____	126
13	끊을 수 없는 하나님의 사랑! (로마서 8:31~39)	____	140
14	나를 향한 하나님의 기대! (로마서 9:1~5)	____	156
15	예정된 축복을 누리는 삶! (로마서 9:6~13)	____	166
16	내가 원하고 구하는 것은? (로마서 10:1~13)	____	178
17	237 살리는 발걸음! (로마서 10:13~21)	____	190
18	237 시대의 남은 자! (로마서 11:1~5)	____	200
19	우리가 드릴 영적 예배! (로마서 12:1~2)	____	210

20	그리스도 안에서 한 몸 된 지체! (로마서 12:3~8)	____	222
21	선으로 악을 이기는 지혜자! (로마서 12:9~21)	____	234
22	자다가 깰 때! (로마서 13:8~14)	____	244
23	오직 주를 위하여! (로마서 14:1~8)	____	256
24	그리스도 예수의 일꾼! (로마서 15:14~21)	____	266
25	중단 없는 237 선교! (로마서 15:22~33)	____	278
26	기록에 남을 동역자! (로마서 16:1~4)	____	290
27	237 선교의 드림팀! (로마서 16:21~27)	____	300

복음으로 여는 새해!

로마서 1:1~7

1예수 그리스도의 종 바울은 사도로 부르심을 받아
하나님의 복음을 위하여 택정함을 입었으니 2이 복음은
하나님이 선지자들을 통하여 그의 아들에 관하여 성경에
미리 약속하신 것이라 3그의 아들에 관하여 말하면 육신으로는
다윗의 혈통에서 나셨고 4성결의 영으로는 죽은 자들 가운데서
부활하사 능력으로 하나님의 아들로 선포되셨으니
곧 우리 주 예수 그리스도시니라 5그로 말미암아 우리가
은혜와 사도의 직분을 받아 그의 이름을 위하여 모든 이방인
중에서 믿어 순종하게 하나니 6너희도 그들 중에서
예수 그리스도의 것으로 부르심을 받은 자니라
7로마에서 하나님의 사랑하심을 받고 성도로 부르심을 받은
모든 자에게 하나님 우리 아버지와 주 예수
그리스도로부터 은혜와 평강이 있기를 원하노라

하나님의 아들에 관한 복음

예수 그리스도의 종 바울은 사도로 부르심을 받아 하나님의
복음을 위하여 택정함을 입었으니 _로마서 1:1

　로마에 있는 교회 성도들을 위해 편지를 쓰게 된 사도 바울은 우선 자기에 대해 구체적으로 소개를 했습니다. 로마교회는 사도 바울이 직접 세운 교회가 아니었고 그에 대해 잘 알지 못했기 때문입니다. 바울은 자기가 '예수 그리스도의 종이며 사도로 부르심을 받았고 하나님의 복음을 위하여 택정함을 받은 자'라고 자신을 소개했습니다. 우리가 이것을 지금 보면 지극히 당연해 보이지만 이 표현 하나하나는 바울의 삶에 복음이 얼마나 각인되어 있는지를 보여 줍니다.

　사도 바울은 자신이 디모데전서 1:13에서 고백했듯이 원래는 예수 믿는 사람들을 잡아다가 옥에 가두는 데 생을 걸었던 비방자요, 박해자요, 폭행자였습니다. 그랬던 바울이 다메섹 도상에서 부활하신 예수 그리스도를 만나고는 그 삶이 180도 변화된 것입니다. 바울의 삶은 복음이신 예수 그리스도와 연결된 이후 놀라운 반전을 이루었습니다. 이제는 예수 그리스도의 종이라고 당당히 고백할 수 있게 된 것입니다.

앞의 성경 말씀에 나오는 '종'은 헬라어로 '둘로스'인데 이는 '노예'로 번역해야 좀 더 정확한 뉘앙스를 느낄 수 있습니다. 이는 자기 자신이 원래 아무 것도 없는 존재임을 나타냅니다. 사실 사도 바울은 이스라엘의 초대 왕을 배출했던 베냐민 지파 출신이었고, 히브리인 중의 히브리인이었으며, 당대 최고의 스승으로 일컬어지는 가말리엘 문하에서 율법을 공부했습니다. 그야말로 최고의 집안 배경과 학벌을 가지고 있었던 것입니다. 게다가 그는 당시 세상을 지배하던 로마 제국의 시민권자이기도 했습니다. 그런 그가 자신의 모든 것을 내려놓고 이제는 예수 그리스도의 종이 되었음을 고백한 것입니다. 종이 어떤 존재입니까? 자신이 아닌 주인을 위해 사는 존재가 바로 종입니다. 바울은 자신이 가지고 있던 모든 것을 다 배설물로 여기고 오직 그리스도가 주인 된 갈라디아서 2:20의 삶을 산 것입니다.

로마서의 말씀은 이처럼 그 시작부터 우리에게 중요한 영적 도전 과제를 제시합니다. 그것은 바로 '오직'의 삶을 살아야 한다는 것입니다. 대부분의 사람들은 자기 생각, 자기 입장, 자기주장에 사로잡혀 있습니다. 그것이 창세기 3장, 6장, 11장의 문제입니다. 자기 자신이 아무리 옳은 말을 한다고 할지라도 그것이 하나님 보시기에는 합당하지 않을 수 있습니다. 그러면 그것은 그냥 자기주장일 뿐입니다. 자기 생각이 아니라 하나님께서 주신 것을 바라보아야 합니다. 그것이 무엇입니까? 바로 '오직 그리스도', '오직 하나님 나라', '오직 성령 충만'입니다. 이것이 우리의 응답 플랫폼이 되어야 합니다. 모든 것을 하나님 말씀, 뜻, 계획에 따라 선택하고 행동해야 한다는 것입니다. 이를 위해서 우리는 강단의 언약을 붙잡고 언약적 도전을 해야 합니다.

바울은 자신이 예수 그리스도의 종이라는 사실을 언급한 후 복음 전도자인 사도로 부르심을 받았고, 특별히 하나님의 복음을 위하여 택정함을 입었다는 사실을 밝혔습니다. 이에 대한 바울의 표현이 독특한데, 그냥 복음이라고 하는 것이 아니라 하나님의 복음이라는 점을 강조하고 있습니다. 이는 당시에 하나님의 복음이 아닌 다른 복음이 있었다는 것을 뜻합니다. 그것은 바로 로마 황제의 복음이었습니다. 복음은 헬라어로 '유앙겔리온'이라고 하는데 이는 '기쁜 소식', '승전보' 등을 뜻합니다. 로마 제국이 전쟁에서 승리했을 때 전령이 본국에 전하는 소식이나 로마 황제의 즉위, 황태자 출생 등을 일컬어 유앙겔리온이라고 했던 것입니다. 당시 로마에 살던 사람들은 이런 로마 황제의 복음에 익숙한 상황이었습니다.

그래서 사도 바울은 복음을 다시 정의할 필요가 있었습니다. 눈에 보이는 권력자 황제가 가진 능력이 복음이 아니라 예수 그리스도를 통해 나타난 하나님의 복음이 진정한 복음이며 이 복음을 위하여 자신이 새롭게 부르심을 받았다고 선언했습니다. 바울이 로마교회 성도들에게 정확한 복음의 의미를 올바르게 정립하고, 신앙생활을 해야 한다는 사실을 강조한 것입니다. 그러면서 그는 이러한 하나님의 복음이 정확히 무엇인지 아주 구체적으로 설명해 주었습니다.

> 이 복음은 하나님이 선지자들을 통하여 그의 아들에 관하여 성경에 미리 약속하신 것이라 그의 아들에 관하여 말하면 육신으로는 다윗의 혈통에서 나셨고 성결의 영으로는 죽은 자들 가운데서 부활하사 능력으로 하나님의 아들로 선포되셨으니 곧 우리 주 예수 그리스도시니라
>
> _로마서 1:2~4

바울의 이 설명은 성경 속의 언약적, 역사적 관점에서 볼 때 가장 일목요연하게 복음을 정리한 것이라 할 수 있습니다. 사도 바울은 하나님의 복음은 하나님의 아들에 관한 것이며 이 아들이 곧 예수 그리스도라는 사실을 강조했습니다. 그는 하나님의 복음이란 곧 예수 그리스도임을 밝혔습니다. 이 예수 그리스도께서 구약의 선지자들이 지속적으로 예언한 대로 다윗의 혈통을 따라 이 땅에 성육신하셨고 십자가에 죽으심과 부활하심을 통해 하나님의 아들이심을 분명히 보여주셨다는 것입니다. 그렇기 때문에 우리는 다른 복음이 아니라 하나님의 복음 위에 굳게 서야만 합니다. 복음을 희미하게 만들려는 사탄의 공격에 맞서 오직 복음으로 영적 승리자가 되시기를 바랍니다.

예수 그리스도의 것

그로 말미암아 우리가 은혜와 사도의 직분을 받아 그의 이름을 위하여 모든 이방인 중에서 믿어 순종하게 하나니 너희도 그들 중에서 예수 그리스도의 것으로 부르심을 받은 자니라 _로마서 1:5~6

사도 바울은 하나님의 복음에 대하여 정확하게 설명한 후 하나님의 자녀는 하나님의 복음을 통해 예수 그리스도의 것으로 부르심을 받은 자들이라는 영적 정체성을 심어주고 있습니다. 고린도전서 6:19~20에도 보면 "너희 몸은 너희가 하나님께로부터 받은 바 너희 가운데 계신 성령의 전인 줄을 알지 못하느냐 너희는 너희 자신의 것이 아니라 값으로 산 것이 되었으니 그런즉 너희 몸으로 하나님께 영광을 돌리라"고 강조하고 있습니다. 여러분은 누구의 것입니까? 그렇습니다, 예수 그리스도의 것입니다.

여러분은 예수 그리스도의 소유가 된 존재입니다. 이것이 얼마나 놀랍고 큰 축복인지 실감을 못 하는 분들이 많습니다. 여러분이 예수 그리스도의 것이라는 말은 예수 그리스도께서 여러분 인생을 완벽하게 책임져 주신다는 의미입니다. 우리의 과거, 현재, 미래 모든 문제를 완벽하게 해결해 주신다는 것입니다. 지금도 내게 임마누엘로 24시간 함께하시면서 내 인생을 치유하고 계십니다. 더 중요한 것은 임마누엘은 지금 한순간으로 끝나는 것이 아니라 영원토록 이어진다는 것입니다. 그러니 아무런 염려 근심 걱정하지 말고 예수 그리스도의 소유가 된 축복을 사실적으로 누리시길 바랍니다.

여러분 한 사람 한 사람은 지금 모습과 상관없이 하나님 앞에서 가장 존귀한 존재입니다. 값으로 환산할 수 없을 정도로 존귀한 예수 그리스도의 피 값으로 산 존재이기 때문입니다. 로마서 1:7에서 사도 바울이 강조한 것처럼 우리는 하나님의 사랑하심을 받고 성도로 부르심을 받은 존재이기 때문입니다.

신앙생활을 하면서 가장 어리석은 것이 남과 비교하며 사는 것입니다. 동생 아벨을 살인한 가인의 범죄도 결국은 비교의식에서 출발했습니다. 어떻게 보면 첫 사람 아담의 범죄도 사탄이 은근히 하나님과 비교하면서 불순종하도록 속인 것입니다. 비교의식을 가지는 순간 자신의 영적 상태를 가장 밑바닥으로 끌어내리는 것임을 결코 잊지 말아야 합니다.

여러분이 잘 아는 가위바위보의 원리를 보면 비교의식에서 자유하고 아주 복음적인 삶을 살 수 있습니다. 가위바위보는 어느 것이 절대적인 것이 없습니다. 가위는 보를 이기지만 바위에 집니다. 바위는 가위를 이기지만 보에 집니다. 보는 바위를 이기지만 가위에 집니다. 이것이 무엇을 의미할까요? 내가 못하는 부분을 다른 사람이 잘할 수 있습니다. 그러나 나에게는 그 사람이 하지 못하는 다른 무엇이 있다는 사실을 놓치지 말라는 말입니다. 다른 사람과 비교하면서 실망할 것이 아니라 하나님께서 내게 주신 귀한 달란트를 개발해서 하나님의 영광을 위해서 사용해야 하는 것입니다.

하나님께서는 왜 구원받은 여러분들을 따로 떨어뜨려 살게 하지 않으시고 교회를 중심으로 모이도록 하셨을까요? 서로 부족한 부분을 도와서 하나님의 영광을 최고로 드러내라는 것입니다. 내가 못 하는 부분을 다른 사람은 잘할 수 있습니다. 그러므로 여러분은 항상 복음으로 서로를 바라보시고 어느 한 사람도 불필요한 사람이 없다는 사실을 기억하시기 바랍니다. 이를 통해 우리는 서로가 서로를 살리고 세우는 삶을 살아가야 할 것입니다.

복음으로 충만하라

세계적인 비즈니스 컨설턴트이자 동기부여가인 브라이언 트레이시는 인생을 달리는 데 가장 중요한 것이 '자부심 타이어'라고 말했습니다. 인생에서 자부심이라는 타이어가 펑크 나면 아무리 애를 써도 전진할 수 없다는 것입니다. 그러면서 자부심 타이어에 바람을 넣는 근사한 방법을 제시하는데 아무런 이유 없이 이런 말을 반복해보라고 권했습니다. "나는 내가 좋다. 나는 내가 좋다. 나는 내가 좋다." 처음은 유치하지만, 자꾸 하다 보면 웃음이 나오면서 정말 자부심 타이어에 바람이 빵빵하게 들어가는 것을 느끼게 되어 어느 순간 자신의 장점이 보이고 자기 자신을 좋아하게 된다는 것입니다. 그만큼 나에 대한 가치를 인정하는 삶을 사는 것이 중요합니다.

그런데 우리는 여기에서 한 발 더 나아가야 합니다. 힘찬 믿음의 전진을 위해서는 영적 자부심 타이어를 넘어 복음 타이어를 확실히 갖춰야 합니다. 에베소서 6:15을 보면 하나님의 전신갑주 중 "평안의 복음이 준비한 것으로 신을 신고"라는 부분이 나옵니다. 복음의 신을 신고, 복음으로 충만해야 힘차게 앞으로 나가는 언약적 도전을 할 수 있는 것입니다. 여러분 모두가 복음으로 충만하여 언약 성취의 주역으로 당당히 서게 되시길 예수 그리스도의 이름으로 축복합니다.

할 수 있는 대로 전해야 할 복음!

로마서 1:8~15

⁸먼저 내가 예수 그리스도로 말미암아 너희 모든 사람에
관하여 내 하나님께 감사함은 너희 믿음이 온 세상에
전파됨이로다 ⁹내가 그의 아들의 복음 안에서 내 심령으로
섬기는 하나님이 나의 증인이 되시거니와 항상 내 기도에
쉬지 않고 너희를 말하며 ¹⁰어떻게 하든지 이제 하나님의 뜻
안에서 너희에게로 나아갈 좋은 길 얻기를 구하노라
¹¹내가 너희 보기를 간절히 원하는 것은 어떤 신령한 은사를
너희에게 나누어 주어 너희를 견고하게 하려 함이니
¹²이는 곧 내가 너희 가운데서 너희와 나의 믿음으로 말미암아
피차 안위함을 얻으려 함이라 ¹³형제들아 내가 여러 번 너희에게
가고자 한 것을 너희가 모르기를 원하지 아니하노니 이는 너희
중에서도 다른 이방인 중에서와 같이 열매를 맺게 하려 함이로
되 지금까지 길이 막혔도다 ¹⁴헬라인이나 야만인이나
지혜 있는 자나 어리석은 자에게 다 내가 빚진 자라 ¹⁵그러므로
나는 할 수 있는 대로 로마에 있는 너희에게도 복음 전하기를
원하노라

우리의 사명

우리는 창세기 3장의 자기중심에서 완전히 벗어나 오직 그리스도 중심의 삶을 살아야 합니다. 오직 하나님 나라에 인생의 방향을 맞춰야 하는 것입니다. 이를 위해 중요한 것이 바로 오직 성령 충만입니다. 내 능력과 내 의지가 아니라 오직 성령의 충만함을 받아야 합니다. 성령 충만이 무엇입니까? 24시간 기도로 성삼위 하나님과 소통하며, 하늘 보좌의 축복을 누리는 것이 바로 성령 충만입니다. 그리고 우리에게는 이 축복을 사실적으로 누리고 전해야 할 사명이 있습니다.

사도 바울이 로마서를 비롯해서 각 교회나 신앙 공동체를 향해 다양한 서신서를 쓴 이유가 무엇일까요? 사도 바울은 자신이 처한 상황 가운데에서 자신이 할 수 있는 대로 복음을 전한 것입니다. 감옥에 갇혀 있을 때에는 그곳의 죄수나 간수들에게 복음을 증거했으며, 또 한편으로는 자신이 직접 갈 수 없으니까 성도들을 향해서 복음의 진수를 누릴 수 있도록 서신을 쓴 것입니다. 이것이 옥중 서신이고 목회 서신입니다. 사도 바울은 자신이 처한 환경 속에서 할 수 있는 대로 복음 증거에 올인했습니다. 우리도 이러한 사도 바울의 모습처럼 각자의 환경 속에서 자신이 할 수 있는 대로 복음을 증거해야 합니다. 우리가 누리고 있는 축복을 세상 사람들에게 전해야 할 사명이 있다는 사실을 분명히 깨달으시기 바랍니다.

복음 24의 열정

먼저 내가 예수 그리스도로 말미암아 너희 모든 사람에 관하여 내 하나님
께 감사함은 너희 믿음이 온 세상에 전파됨이로다 내가 그의 아들의 복
음 안에서 내 심령으로 섬기는 하나님이 나의 증인이 되시거니와 항상 내
기도에 쉬지 않고 너희를 말하며 어떻게 하든지 이제 하나님의 뜻 안에서
너희에게로 나아갈 좋은 길 얻기를 구하노라

_로마서 1:8~10

　앞의 성경 말씀에서 사도 바울은 자신이 로마를 방문하고자 하는 계획
을 가지고 있음을 밝히고 있습니다. 사실 로마교회는 바울이 세운 교회가
아닙니다. 신학자들은 로마교회의 시작을 사도행전 2장에서 찾습니다. 여
기를 보면 오순절 마가 다락방에서 오직 기도에 전념하던 120명의 제자
들에게 성령이 강림한 내용이 나옵니다. 성령이 불같이, 바람같이 임하여
이들이 성령의 충만함을 받고 각기 다른 언어로 방언을 했습니다. 이때 전
세계에서 예루살렘으로 와 있던 경건한 디아스포라 유대인들이 이 역사
를 보고 충격을 받게 되었습니다. 이러한 성령 강림 이후 베드로가 증거한
예수 그리스도의 십자가 대속과 부활의 메시지를 듣고 회심한 이들이 로

마로 돌아가 복음을 전하면서 교회가 세워진 것으로 알려지고 있습니다.

사도 바울이 로마서를 쓰던 당시는 오순절 성령 강림 사건이 일어난 지 20년이 흐른 뒤였습니다. 그동안 로마에 복음이 증거되어 교회가 세워지고 좋은 믿음의 소식이 전파된 것을 본 사도 바울은 감사의 고백을 하면서 평상시 로마에 있는 교회의 성도들을 위해 중보 기도를 하고 있었음을 밝혔습니다. 그러면서 자신이 로마교회를 방문하려 하는 이유를 밝히고 있습니다.

내가 너희 보기를 간절히 원하는 것은 어떤 신령한 은사를 너희에게 나누어 주어 너희를 견고하게 하려 함이니 이는 곧 내가 너희 가운데서 너희와 나의 믿음으로 말미암아 피차 안위함을 얻으려 함이라 형제들아 내가 여러 번 너희에게 가고자 한 것을 너희가 모르기를 원하지 아니하노니 이는 너희 중에서도 다른 이방인 중에서와 같이 열매를 맺게 하려 함이로되 지금까지 길이 막혔도다

_로마서 1:11~13

사도 바울이 로마에 가려고 했던 이유는 한 가지였습니다. 그것은 바로 자신이 맛보고 누린 복음을 이들이 더욱 사실적으로 맛보고 믿음을 견고하게 해서 더 큰 열매를 맺게 하기 위함이었습니다. 앞의 성경 말씀에 나오는 '견고하다'는 말은 헬라어로 '스테리조'라고 하는데 '강하게 하다', '확실하게 하다'라는 뜻을 지니고 있습니다. 이 '스테리조'는 예수님께서

십자가를 지시기 전에 베드로에게 부탁하신 말씀에도 나오는 단어입니다. 누가복음 22:32을 보면 예수님께서 베드로가 예수님을 부인할 것을 말씀하시면서 "너는 돌이킨 후에 네 형제를 굳게 하라"라고 강조하셨습니다. 여기에서 사용된 단어가 '스테리조'입니다. 베드로가 지금의 체험을 발판으로 영적으로 견고해지고, 거기에서 더 나아가 주변의 형제들을 견고하게 하는 일에 쓰임을 받아야 한다는 사실을 말씀하셨던 것입니다.

마찬가지로 사도 바울도 예수 그리스도의 복음으로 로마교회 성도들이 견고하게 서서 더 큰 열매를 맺게 하려는 간절함을 가지고 로마서를 기록했습니다. 우리는 이런 사도 바울이 가졌던 복음 24의 열정을 볼 수 있어야 합니다. 로마서 1장을 보면 사도 바울의 열정을 표현하는 문구가 나옵니다. 10절에 있는 '어떻게 하든지'라는 것과 15절에 나오는 '할 수 있는 대로'라는 표현입니다. 어떻게 하든지 내가 할 수 있는 모든 것을 동원해서 복음을 증거한다는 것입니다. 사도행전 20:24에 보면 바울은 "복음을 증언하는 일을 마치려 함에는 나의 생명조차 조금도 귀한 것으로 여기지 아니하노라"라며 복음을 위해 생을 걸었다고 고백합니다. 그리고 고린도후서 5:13에서는 "우리가 만일 미쳤어도 하나님을 위한 것"이라며 자신은 복음 증거를 위해 미쳤노라고 말합니다. 이러한 사도 바울의 복음 24 열정이 우리의 삶 속에도 사실적으로 나타나야 할 것입니다.

신앙생활은 All or nothing입니다. 중간단계는 없습니다. 우리는 믿음으로 전진하는 삶, 오직 영혼 구원을 향해 올인하는 삶을 살아가야 합니다. 이러한 올인의 삶, 복음 24의 삶은 상대방뿐만 아니라 자신도 살아나게 만듭니다. 이에 대해 사도 바울은 앞의 성경 말씀 12절에서 "피차 안위함을 얻으려 함이라"는 표현을 쓰고 있습니다. 바울 자신은 복음을 전하면서 안위를 얻고 로마교회 성도들은 복음을 들으면서 안위를 얻게 된다는 것입니다. 영적인 것은 전하고 나누어 줄수록 자신에게도 유익을 준다는 사실을 기억해야 합니다. 완벽하게 그릇을 준비해서 복음을 전하겠다는 생각을 가진 사람은 죽을 때까지 기다려도 한 마디도 전하지 못합니다. 오히려 좀 부족하다고 생각되더라도 현장에서 만남 가운데 복음을 전하다 보면 자신의 그릇이 커지는 것을 느낄 수 있을 것입니다. 사역은 믿음으로 하는 것이지, 실력으로 하는 것이 아닙니다. 자기 자신을 제한하고 묶어두면 안 됩니다. 하나님이 그 사람에 대해 구원 계획이 있으면 나의 모습, 상황, 형편, 나의 말재주와 상관없이 그 시간에 문이 열리게 되어 있습니다. 자기 생각의 틀에서 완전히 빠져나와 하나님의 산 역사를 체험하는 새로운 시작을 해보시기 바랍니다.

복음에 빚진 자

헬라인이나 야만인이나 지혜 있는 자나 어리석은 자에게 다 내가 빚진 자라 그러므로 나는 할 수 있는 대로 로마에 있는 너희에게도 복음 전하기를 원하노라 _로마서 1:14~15

사도 바울은 자신이 빚진 자라고 밝히고 있습니다. '빚진 자'는 헬라어로 '오페일레테스'이며 '해야 할 의무가 있는 자'라는 뜻을 가지고 있습니다. 바울은 복음에 있어서 이러한 빚진 자의 의식을 가지고 있었습니다.

그렇다면 바울이 왜 복음에 대해 빚진 자 의식을 가지고 있었을까요? 바울은 자신의 행위나 노력이 아닌 전적인 하나님의 은혜로 영생의 축복을 얻었기 때문에 이것을 영적인 빚이라고 생각했습니다. 더군다나 예수 믿기 전에 예수 믿는 자들만 골라서 열심을 다해서 핍박했기 때문에 더더욱 빚진 자의 심정을 가지고 있었던 것입니다. 그리고 영적 빚을 갚는다는 것은 다른 것이 아니라 예수가 그리스도, 인생 모든 문제 해결자 되신다는 유일성의 복음을 증거하는 것이기 때문에 로마 교회 성도들에게도 이 사실을 강조하고 있는 것입니다.

사도 바울은 로마서 1:14에서 "헬라인이나 야만인이나 지혜 있는 자나 어리석은 자에게 다 내가 빚진 자"라고 표현하고 있습니다. 당시 로마가 정치적으로 세계를 지배하고 있었지만, 문화적으로는 헬라 문화가 지배하고 있었습니다. 다시 말해 문명인이나 미개인이나 유식한 자나 무식한 자나 어느 누구도 복음을 듣는 것에서는 예외가 있을 수 없다는 뜻입니다. 특히 이방인의 사도로 부르심을 받은 바울에게는 모든 사람이 복음 전할 대상이 되었고 할 수 있는 대로 복음을 증거하였습니다. 이에 그는 고린도전서 9:16에 이렇게까지 고백하고 있습니다. "내가 복음을 전할지라도 자랑할 것이 없음은 내가 부득불 할 일임이라 만일 복음을 전하지 아니하면 내게 화가 있을 것이로다" 이는 아무나 할 수 없는 놀라운 고백입니다.

사도 바울은 로마서 1:15에서는 "할 수 있는 대로 로마에 있는 너희에게도 복음 전하기를 원하노라"라며 로마교회 성도들에게도 복음 전하기를 원한다고 말하고 있습니다. 그들은 이미 복음을 받은 자들입니다. 그렇다면 로마교회의 성도들에게 복음을 전하기 원한다는 말은 무슨 의미일까요? 이는 복음을 받은 자 또한 더 깊은 복음의 축복 속으로 들어가야 한다는 것을 뜻합니다. 그리고 또 한편으로는 이들에게 다시 복음의 불을 붙이기를 원했던 것입니다. 이는 곧 예수 그리스도 안에 담겨 있는 그 복음의 깊이, 높이, 길이, 너비를 체험하는 삶을 살아야 한다는 것을 말합니다. 그래서 예배가 중요합니다. 강단의 말씀을 통해 복음의 참 맛을 매시간 맛보아야 합니다. 그래야 도전할 힘이 생기는 것입니다.

구세군 창설자인 윌리엄 부스는 자신이 만나는 모든 사람들에게 "Are you still burning?"라고 물었습니다. "당신은 여전히 불타고 있습니까?"라는 이 질문은 제가 가슴에 항상 담고 있는 것이기도 합니다. 여러분도 영혼 구원의 열정으로 가슴이 불타고 있습니까? 복음적 열정으로 가득 차 있습니까? 이 질문에 우리는 "예!"라고 대답할 수 있어야 합니다. 여러분 모두가 이 열정을 가지고 현장에서 생명 살리는 언약적 도전을 하게 되시기를 예수 그리스도의 이름으로 축복합니다.

복음 서잇!

로마서 1:16~17

16내가 복음을 부끄러워하지 아니하노니
이 복음은 모든 믿는 자에게 구원을 주시는 하나님의 능력이
됨이라 먼저는 유대인에게요 그리고 헬라인에게로다
17복음에는 하나님의 의가 나타나서 믿음으로 믿음에
이르게 하나니 기록된 바 오직 의인은 믿음으로
말미암아 살리라 함과 같으니라

복음을 누리는 영적 서밋

로마서 하면 가장 먼저 떠오르는 단어가 바로 복음입니다. 로마서는 서신서임에도 불구하고 예수 그리스도의 말씀과 사역을 기록한 사복음서와 비견될 수 있을 정도로 예수 그리스도의 복음에 대해서 심도 있게 다루고 있어서 바울의 복음서라고도 불립니다. 로마서는 복음으로 시작해서 복음으로 끝납니다. 한마디로 구원받은 하나님의 자녀는 복음으로 각인, 뿌리, 체질화된 삶을 살아야 한다는 것입니다. 바로 이번 챕터의 제목처럼 복음 서밋이 되면 끝난다는 것이고, 복음을 실제로 누리는 영적 서밋이 되면 아무런 문제가 없게 된다는 것입니다.

우리는 복음을 최고로 누리는 하이스트(highest)가 되겠다, 탑(top)이 되겠다, 서밋(summit)이 되겠다는 영적 결단을 하여야 합니다. 복음을 제대로 영적으로 누리는 서밋이 하나님의 주신 최고의 응답이고 축복입니다. 복음 서밋이 되면 보는 눈이 달라지기 때문입니다. 복음의 정상에서 바라보면 다 보이게 되므로 서론에 절대 속지 않고 본론에 집중하는 신앙생활을 할 수 있습니다.

하나님의 능력인 복음

내가 복음을 부끄러워하지 아니하노니 이 복음은 모든 믿는 자에게 구원을 주시는 하나님의 능력이 됨이라 먼저는 유대인에게요 그리고 헬라인에게로다 _로마서 1:16

사도 바울은 로마교회 성도들을 향해 아주 중요한 영적 사실을 선포하고 있습니다. 사도 바울은 "복음은 구원을 주시는 하나님의 능력"이라고 이야기합니다. 그런데 독특하게도 바울은 이 복음을 부끄러워하지 않는다고 밝혔습니다. 이 말은 당시 세상 사람들은 바울이 전한 복음을 부끄러워한다는 말이기도 합니다. 자신들의 기본 상식으로는 이해가 되지 않고 받아들일 수가 없다는 것인데, 그 이유가 있습니다. 당시 바울이 언급하는 복음은 로마 사람들이 생각하던 복음과 전혀 달랐던 것입니다.

바울이 전한 복음은 로마 황제의 복음이 아니라 하나님의 복음이었고, 핵심은 예수 그리스도이며, 예수 그리스도의 십자가 대속과 부활로 이루어진 복음입니다. 창세기 3장에서 첫 사람 아담의 범죄로 인해 시작된 인간의 열두 가지 영적 문제를 완벽히 해결하시기 위해 예수 그리스도가 십자가를 지셨고 그 모든 문제가 해결되었다는 증거로 부활하셨습니다. 바울에게는 우리 인생의 모든 문제를 완벽히 해결하시기 위해 예수님께서 십자가를 지신 것이 무엇과도 비교할 수 없는 하나님의 은혜와 사랑의 표시였습니다. 그러나 세상 사람들에게 있어서 십자가의 죽음은 저주와 멸시의 대상이었습니다.

고린도전서 1:22~24에 보면 사도 바울이 당시 세상 사람들이 예수님의 십자가 대속에 대해 어떻게 생각하고 있는지를 일목요연하게 정리해 놓았습니다. "유대인은 표적을 구하고 헬라인은 지혜를 찾으나 우리는 십자가에 못 박힌 그리스도를 전하니 유대인에게는 거리끼는 것이요 이방인에게는 미련한 것이로되 오직 부르심을 받은 자들에게는 유대인이나 헬라인이나 그리스도는 하나님의 능력이요 하나님의 지혜니라" 십자가를 영어로 '크로스'라고 하는데 이는 라틴어 '크룩스'에서 나온 말이며 '고문대', '형틀'이라는 뜻입니다. 그리고 헬라어로는 '스타로우스'라고 하는데 '불행한 나무'라는 뜻입니다.

지금은 십자가 목걸이를 아주 자연스럽게 하고 다니지만, 당시에는 도저히 상상할 수 없는 일이었습니다. 특히 유대인에게 나무에 달린다는 것은 율법적으로는 가장 큰 저주였습니다. 그러니 유대인에게는 십자가에 못 박힌 그리스도를 전하는 것이 꺼려질 수밖에 없었습니다. "극악무도한 죄인들만 죽이는 십자가 형틀에서 죽은 예수가 인류를 구원한다는 것이냐"고 하며 도대체 이해할 수 없다고 했던 것입니다.

사도 바울은 이런 세상 사람들의 관점과는 달리 예수 그리스도의 십자가 대속과 부활의 복음을 그 무엇보다 자랑스럽게 생각하며 이 복음 증거를 위해 생을 걸었습니다. 그 이유가 무엇이겠습니까? 예수 그리스도의 복음만이 생명을 살리는 하나님의 능력이기 때문입니다. 모든 죄와 저주, 특히 인간 스스로 절대 해결할 수 없는 원죄 문제를 해결해주는 유일한 답이라는 사실을 알고 있었던 것입니다. 여기서 '능력'이라는 말은 헬라어로 '두나미스'라고 하는데 '다이너마이트'의 어원이 되는 단어입니다. 마치 다이너마이트가 터지는 것처럼 폭발적인 능력이 복음 속에 있습니다.

그래서 우리는 다른 능력을 구할 것이 아니라 복음의 능력을 구해야 합니다. 성삼위 하나님이 나와 함께 하시는 그 능력, 하늘 보좌의 축복을 체험하는 그 능력이 바로 복음의 능력입니다. 복음에는 우리의 삶을 변화시키는 힘이 있다는 사실을 분명히 깨달으시기 바랍니다.

오직 믿음으로 사는 인생

복음에는 하나님의 의가 나타나서 믿음으로 믿음에 이르게 하나니 기록된 바 오직 의인은 믿음으로 말미암아 살리라 함과 같으니라

_로마서 1:17

우리가 복음 서밋의 자리로 나갈 수 있는 바탕에 하나님의 의가 있음을 볼 수 있습니다. 복음이 믿는 자에게 구원을 주시는 하나님의 능력이 되는 이유도 복음에 하나님의 의가 나타났기 때문입니다. 여기서 말하는 하나님의 의는 예수 그리스도를 통해서 계시된 것입니다. 다시 말해 예수 그리스도를 믿음으로만 의롭다 함을 얻게 되고, 예수 그리스도를 믿음으로만 하나님의 능력을 힘입는 삶을 살 수 있게 됩니다. 특히 믿음은 하나님의 능력이 임하는 통로라는 사실을 분명히 붙잡아야 합니다. 복음의 능력이 그 자체로 엄청난 것이지만, 그 능력을 받아들이는 믿음의 수준에 따라 역사가 일어난다는 사실을 기억해야 합니다. 육신적인 것, 서론적인 것에 매여 있으면 실제적인 복음의 능력을 체험하지 못하게 됩니다. 이를 위해서는 예배를 통해 복음의 능력을 매시간 체험해야 합니다. 그럴 때 삶 속에서 매일 복음을 맛보게 되어 있습니다.

바울이 하박국 2:4의 말씀을 인용한 로마서 1:17의 "오직 의인은 믿음으로 말미암아 살리라"는 이 말씀은 오직 믿음의 중요성을 강조한 것으로 흔히 이신칭의(以信稱義)라고 불립니다. 이는 마틴 루터가 종교 개혁을 일으키는 출발점이 되었던 말씀입니다. 마틴 루터는 어떻게 하면 하나님의 의를 이루는 삶을 살 것인가에 대해 늘 고민했습니다. 그래서 수도사가 되었고, 자신의 노력으로 하나님의 의를 이루고자 몸부림쳤습니다. 하지만 그러면 그럴수록 그의 삶은 죄의식에 사로잡히게 되었고 하나님에 대한 두려움만 커졌습니다. 그런 그가 "오직 의인은 믿음으로 말미암아 살리라"는 말씀을 통해 참된 해답을 찾았습니다. 하나님의 의를 이루는 삶은 내 행위가 아니라 전적인 하나님의 은혜로 주어진다는 것을 루터가 비로소 깨달은 것입니다.

그래서 루터는 천주교의 종교화된 행위나 형식이 아니라 성경의 본질로 돌아가야 함을 강조하면서 '다섯 가지 오직(Five Solas)'을 외쳤습니다. 오직 성경 (Sola Scriptura), 오직 믿음 (Sola fide), 오직 은혜 (Sola Gracia), 오직 그리스도 (Solus Christus), 오직 하나님의 영광 (Soli Deo Glsoria) 이 다섯 가지 오직은 루터를 변화시켰을 뿐만 아니라 인본주의의 극치를 이룬 중세 시대의 종교 생활을 무너뜨리는 플랫폼이 되었습니다. 우리도 이 다섯 가지 오직의 삶을 통해 복음 서밋을 향해 나아가는 신앙생활을 하여야 할 것입니다.

영적 변화의 삶

'매몰 비용의 오류'라는 경제학 용어가 있습니다. 매몰 비용은 묻혀버린 비용으로 이미 발생하여 회수할 수 없는 비용을 말합니다. 그래서 매몰 비용의 오류란 나쁜 방향으로 흘러갈 걸 뻔히 알면서도 잘못된 결정을 되돌리지 못하는 현상을 일컫는 말입니다. 지금까지 투자한 시간과 노력 그리고 들인 비용이 아까워서 차일피일 미루다가 적자 폭만 커지고 심각한 위기 가운데 빠지게 되는 현상입니다.

우리가 살아가면서 영적으로도 매몰 비용의 오류에 잘 빠지게 됩니다. 과거의 것에 자꾸 미련을 갖고 있어서 자꾸만 발목이 잡히는 것입니다. 영적으로 변화가 힘든 이유가 여기에 있습니다. 우리는 과거의 것에서 완전 자유함을 얻어야 합니다. 나는 죽고 그리스도 안에서 다시 사는 갈라디아서 2:20의 '오직'을 누려야 합니다. 자기의 주장을 내려놓고 '오직'이 되면 성삼위 하나님의 역사가 일어나게 되어 있습니다. 그러면 끝나는 것입니다. 사도 바울이 이것을 최고로 누렸기 때문에 수많은 현장 증거가 일어났습니다. 여러분 모두가 이런 '오직'의 삶을 살아감으로써 복음 서밋으로 당당히 서게 되시기를 예수 그리스도의 이름으로 축복합니다.

그리스도가 다 끝내셨다!

로마서 1:18~25

[18]하나님의 진노가 불의로 진리를 막는 사람들의
모든 경건하지 않음과 불의에 대하여 하늘로부터
나타나나니 [19]이는 하나님을 알 만한 것이 그들 속에 보임이라
하나님께서 이를 그들에게 보이셨느니라
[20]창세로부터 그의 보이지 아니하는 것들 곧 그의
영원하신 능력과 신성이 그가 만드신 만물에
분명히 보여 알려졌나니 그러므로 그들이 핑계하지 못할지니라
[21]하나님을 알되 하나님을 영화롭게도 아니하며 감사하지도 아
니하고 오히려 그 생각이
허망하여지며 미련한 마음이 어두워졌나니 [22]스스로 지혜 있다
하나 어리석게 되어 [23]썩어지지 아니하는 하나님의 영광을
썩어질 사람과 새와 짐승과 기어다니는 동물 모양의 우상으로
바꾸었느니라 [24]그러므로 하나님께서 그들을 마음의 정욕대로
더러움에 내버려 두사 그들의 몸을 서로 욕되게 하게
하셨으니 [25]이는 그들이 하나님의 진리를 거짓
것으로 바꾸어 피조물을 조물주보다 더 경배하고
섬김이라 주는 곧 영원히 찬송할 이시로다 아멘

믿음의 직진

로마서는 성경 66권 중에서 아주 특별한 말씀입니다. 하나님께서 로마서를 통해 복음 운동에 시대적으로 쓰임 받은 인물들을 많이 바꾸셨기 때문입니다. 성 어거스틴은 로마서의 말씀을 통해 변화되어 신학적인 토대를 구축했으며, 마틴 루터와 요한 칼빈이 종교개혁의 기치를 들 수 있었던 것도 로마서의 말씀 때문이었습니다. 존 번연은 로마서를 묵상하다가 '천로역정'이라는 불후의 명작을 창작하였고, 감리교를 창시한 웨슬레도 로마서를 통해 교회를 갱신하는 부흥 운동을 일으켰습니다.

유명한 신약학자 F. F. 브루스는 로마서를 가리켜 혁명의 책이라고까지 말했습니다. 그만큼 로마서는 변화와 혁신을 일으키게 만드는 말씀입니다. 성경을 하나의 반지로 비유하면 로마서를 그 반지에 박힌 보석이라고 말하기도 합니다. 66권의 성경 중 로마서가 최고 중요한 책이고 기독교 정립에 결정적 역할을 하고 있다고 말하기도 합니다. 로마서가 이처럼 사람과 시대를 변화시키는 놀라운 역사를 창출한 것은 복음을 가장 정확하고, 탁월하게 증거해 주는 말씀이기 때문입니다.

복음이 무엇일까요? 복음은 기쁜 소식(Good News)입니다. 왜 복음이

기쁜 소식입니까? 예수 그리스도께서 모든 것을 다 끝내셨기 때문입니다. "테텔레스타이(다 이루었다)" 십자가 상에서 우리의 죄와 저주, 과거, 현재와 미래의 모든 문제를 완벽히 해결하시고 부활하심을 통해 모든 것이 재창조되었음을 온 천하에 선포하셨습니다. 우리의 신앙생활은 여기서부터 시작되는 것입니다. 그리스도가 다 끝내셨습니다. 그러니 우리는 뭘 더할 것이 없습니다. 더 이상 이전 것에 매여서 우왕좌왕, 갈팡질팡하는 삶이 아니라 믿음의 직진을 하면 됩니다.

복음의 감격을 누리는 삶

하나님의 진노가 불의로 진리를 막는 사람들의 모든 경건하지 않음과 불의에 대하여 하늘로부터 나타나나니 _로마서 1:18

앞의 성경 말씀은 로마서 전체의 본론이 시작되는 말씀입니다. 로마서 1:17까지 말씀을 통해 사도 바울은 자신이 전한 복음이 무엇인지에 대해 아주 사실적으로 설명했습니다. 사도 바울이 전한 복음은 어떤 사람의 생각이나 철학 사상이 아닌 하나님께로부터 온 복음 즉, 하나님의 복음이라고 선언한 것입니다. 그리고 이 복음이 예수 그리스도이며 모든 믿는 자에게 구원을 주시는 하나님의 능력이 된다는 사실을 전하면서 "오직 의인은 믿음으로 말미암아 살리라"라고 선포했습니다. 이는 어떤 인간의 행위가 필요 없다는 것으로 오직 믿음만이 필요하다는 아주 환희에 찬 고백이며 선포였습니다.

그런데 본론은 서론의 이런 분위기와는 전혀 다르게 첫마디부터 '하나님의 진노'라고 하는 표현으로 시작됩니다. 진노라는 단어는 듣기에 별로 좋지 않고, 어떤 면에서는 두려움까지 들 수 있는 표현입니다. 그런데 이런 듣기에 불편한 표현으로 사도 바울이 로마서의 본론을 시작하는 이유가 어디에 있습니까? 바로 복음이 기쁜 소식이고, 구원의 능력인 이유가 있다는 사실을 강조하기 위함입니다. 우리가 어떤 상태에 있다가 구원을 받았는지 알아야 복음이 왜 그토록 기쁜 소식인지 설명이 되고 복음이 주는 감격을 사실적으로 누릴 수 있기 때문입니다.

복음이 근원적으로 우리에게 기쁜 소식이 되는 것은 하나님의 진노에서 자유함을 얻게 하는 유일한 소식이기 때문입니다. 창세기 3장에서 발생한 첫 사람 아담의 범죄로 모든 인류는 하나님을 떠나 죄와 저주 가운데 사탄의 종노릇 하며 열두 가지 영적 문제 가운데 빠져 살다가 결국 영원한 멸망 길로 갈 수밖에 없는 상태가 된 것입니다. 이를 사도 바울은 하나님의 진노 아래 있다고 표현했습니다. 로마서 1:18에는 이렇게 하나님을 떠난 인간의 특징이 경건하지 않음과 불의한 삶이라고 언급했습니다.

경건하지 않다는 말은 원어적으로 하나님이 없다는 의미를 담고 있어서 하나님에 대해 의도적으로 대적 행위를 하는 것을 가리키는 표현입니다. 사도 바울은 19절에서 구체적으로 하나님을 알만한 것이 인간 속에 있음에도 불구하고 하나님 떠난 인간이 의도적으로 하나님을 대적하고 있다고 설명했습니다.

20절에서도 하나님께서 창조하신 천지 만물을 통해서도 하나님을 알수 있고 역사의 흐름을 통해서도 알 수 있다고 했습니다. 그럼에도 불구하고 의도적으로 하나님을 대적하고 있는데 그것이 진리를 가로막는 것이고 불의한 삶이라는 것입니다.

하나님을 알되 하나님을 영화롭게도 아니하며 감사하지도 아니하고 오히려 그 생각이 허망하여지며 미련한 마음이 어두워졌나니 스스로 지혜 있다 하나 어리석게 되어 썩어지지 아니하는 하나님의 영광을 썩어질 사람과 새와 짐승과 기어다니는 동물 모양의 우상으로 바꾸었느니라 _로마서 1:21~23

하나님 떠난 인생, 하나님의 진노 아래 있는 인생의 대표적인 특징이 바로 우상숭배입니다. 하나님을 떠난 인간은 하나님에 대한 일종의 대용품을 갖다 놓아야 그나마 평안하다고 생각합니다. 앞의 성경 말씀을 보면 얼마나 인간들이 영적으로 어리석은지 사람의 형상 우상이나 각종 동물 모양뿐 아니라 심지어 기어 다니는 동물 모양의 형상까지 섬기고 있는 모습을 언급하고 있습니다.

비단 사도 바울의 시대만이 아니라 지금도 마찬가지입니다. 과학이 발달하면 모든 미신과 우상이 사라질 것처럼 생각할 수 있지만, 그 배후에 사탄이 있기 때문에 전혀 그렇지 않습니다. 사탄의 공격은 창세기 3장 이래로 중단된 적이 없습니다. 그렇기 때문에 우리는 영적 경각심 가져야 합니다. 사탄은 갈수록 더 교묘해질 것입니다. 그래서 우리는 더더욱 복음을 사실적으로 누려야 합니다. 날마다 삶 속에서 복음의 감격이 흘러나와야 영적 싸움에서 승리할 수 있습니다.

복음의 감격을 전하는 삶

그러므로 하나님께서 그들을 마음의 정욕대로 더러움에 내버려 두사 그들의 몸을 서로 욕되게 하게 하셨으니 이는 그들이 하나님의 진리를 거짓 것으로 바꾸어 피조물을 조물주보다 더 경배하고 섬김이라 주는 곧 영원히 찬송할 이시로다 아멘 _로마서 1:24~25

하나님의 진노 아래 있는 인간의 마지막은 결국 심판입니다. 심판은 형태와 그 시기가 다를지라도 반드시 있다는 사실을 기억해야 합니다. 하나님의 인내의 시간표가 심판의 시간표로 바뀌는 때가 있다는 것입니다. 그런데 심판을 생각할 때 우리 입장에서만 심판을 생각해서는 안 됩니다. 이렇게 되면 악인의 형통을 바라보면서 의아심이 생길 수 있습니다. 하지만 앞의 성경 말씀을 보면 여기에 대해 분명한 답을 주고 있습니다. 우리가 보아야 할 핵심 구절은 '내버려두사'라는 표현입니다. 이를 신학적으로는 '유기'라고 합니다. 바울은 24절뿐만 아니라 26절, 28절에서 계속 반복하며 말하고 있습니다. 하나님이 인간에게 보여주시는 최고의 진노와 최고의 심판은 그냥 내버려 두는 것에 있음을 강조하고 있습니다. 그냥 내버려 두면 영원한 멸망 길로 갈 수밖에 없기 때문입니다.

영적으로 잘못된 방향으로 나아가고 있을 때 징계를 받는 것은 오히려 하나님의 사랑을 받고 있다는 반증이 됩니다. 잠언 3:12에는 "대저 여호와께서 그 사랑하시는 자를 징계하시기를 마치 아비가 그 기뻐하는 아들을 징계함같이 하시느니라" 라고 되어있으며, 히브리서 12:8에는 "징계는 다 받는 것이거늘 너희에게 없으면 사생자요 친아들이 아니니라"라고 말씀하고 있습니다. 하나님의 간섭이 있다는 사실에 우리는 오히려 감사해야 합니다.

여러분의 친척이나 주변 사람들 중에 예수를 안 믿는데도 너무나 하는 일마다 잘되는 사람들이 있습니까? 그렇다면 그 사람은 굉장히 위험한 자리에 있음을 깨달아야 합니다. 그들을 향해 하나님 없이 형통한 것이 결코 행복이 아니라는 것을 일깨워주어야 합니다. 창세기 3, 6, 11장의 삶은 결국 바벨탑이기 때문입니다. 우리는 그들이 영적으로 불통한 삶을 사는 것을 안타깝게 바라보고 하나님의 진노로부터 해방받는 유일한 길을 전해줘야 할 사명이 있다는 사실을 분명히 깨달으시기 바랍니다.

복음의 영향력을 입히는 삶

영국의 복음 전도자로 유명한 로드니 스미스(Rodney Smith)라는 인물이 있습니다. 로드니는 배우지 못한 집시 부모의 아들로 자라서 별명이 집시(Gypsy)였습니다. 그래서 '로드니 집시 스미스'라고 불리기도 했지만, 그는 자신의 환경을 뛰어넘어 대서양을 45번이나 건너가 수백만 명에게 복음을 전한 순회 사역자로 일생을 하나님께 드렸습니다. 그래서 두 명의 미국 대통령으로부터 백악관 초청을 받았을 정도로 미국에 복음의 영향력을 입힌 전도자였습니다. 이 로드니 스미스는 "복음서는 다섯 권입니다."라는 말을 했습니다. 우리가 알고 있는 대로 복음서는 마태복음, 마가복음, 누가복음, 요한복음으로 사복음서입니다. 그런데 로드니는 여기에 그리스도인을 포함하면서 아주 중요한 말을 덧붙였습니다. "사람들은 마지막 권만 읽습니다." 로드니가 강조한 것이 무엇입니까? 불신자들은 사복음서에는 관심이 없고 '그리스도인의 삶'을 통해 성경을 본다는 것입니다. 세상 사람들은 성경을 보기에 앞서서 우리를 보면서 복음에 대해 판단합니다. 그러므로 우리가 어떻게 살아가느냐에 따라 불신자들에게 복음의 영향력을 입히게 되는 것입니다.

복음의 영향력을 방해하는 최대의 걸림돌들은 우리가 복음대로 살지 못하는 것입니다. 그래서 우리가 복음을 사실적으로 누리는 만큼 영적 영향력을 입힐 수 있습니다. 그리스도가 다 끝냈다는 것에서 우리는 복음 인생을 출발해야 합니다. 우리는 과거, 현재, 미래의 모든 영역에서 예수 그리스도를 통해 완전 자유함을 얻었습니다. 그렇기 때문에 완전 자유함의 복음을 24시 누리는 삶을 통해 25시 하나님 나라의 일을 이루고 영원의 인생 작품을 남기는 삶으로 나아가야 합니다. 이를 통해 여러분 모두가 예수님께서 다 끝내신 복음 플랫폼 위에서 이제 언약적 비상을 하게 되시기를 예수 그리스도의 이름으로 축복합니다.

복음24!

로마서 2:1~11

¹그러므로 남을 판단하는 사람아, 누구를 막론하고
네가 핑계하지 못할 것은 남을 판단하는 것으로 네가
너를 정죄함이니 판단하는 네가 같은 일을 행함이니라
²이런 일을 행하는 자에게 하나님의 심판이 진리대로 되는 줄 우
리가 아노라 ³이런 일을 행하는 자를 판단하고도
같은 일을 행하는 사람아, 네가 하나님의 심판을 피할
줄로 생각하느냐 ⁴혹 네가 하나님의 인자하심이 너를 인도하여
회개하게 하심을 알지 못하여 그의 인자하심과
용납하심과 길이 참으심이 풍성함을 멸시하느냐 ⁵다만
네 고집과 회개하지 아니한 마음을 따라 진노의 날 곧
하나님의 의로우신 심판이 나타나는 그 날에 임할 진노를 네게
쌓는도다 ⁶하나님께서 각 사람에게 그 행한 대로
보응하시되 ⁷참고 선을 행하여 영광과 존귀와 썩지 아니함을 구
하는 자에게는 영생으로 하시고 ⁸오직 당을 지어
진리를 따르지 아니하고 불의를 따르는 자에게는 진노와 분노
로 하시리라 ⁹악을 행하는 각 사람의 영에는 환난과 곤고가 있
으리니 먼저는 유대인에게요
그리고 헬라인에게며 ¹⁰선을 행하는 각 사람에게는 영광과 존귀
와 평강이 있으리니 먼저는 유대인에게요 그리고
헬라인에게라 ¹¹이는 하나님께서 외모로 사람을 취하지
아니하심이라

복음 24의 영적 체질

이런 글이 있습니다.

"나는 치명적인 타격을 가할 수 있는 힘과 기술이 있습니다. 나는 상대방을 죽이지 않고도 승리할 수 있습니다. 나는 가정과 국가 그리고 어떤 조직도 파괴할 수 있고 수많은 사람을 파멸시킬 수 있습니다. 나는 바람의 날개를 타고 여행합니다. 아무리 순결한 사람이라도 내게는 무력하고 아무리 깨끗한 사람이라도 내게는 더럽습니다. 나는 결코 망각하지 않으며 결코 용서하지 않습니다."

여기서 말하는 나는 누구이겠습니까? 바로 '비판'입니다. 비판은 모든 관계에 치명적인 독을 퍼뜨리고 결과적으로 상대방뿐만 아니라 자기 자신도 파멸시키는 도구가 되는 것입니다.

앞의 성경 말씀을 보면 이런 비판이 세상에서뿐만 아니라 교회 안에서도 너무나 자연스럽게 이루어지고 있음을 보면서 사도 바울이 영적인 경고와 각성의 메시지를 던지고 있습니다. 당시 로마교회 안에 율법주의에 사로잡혀 비판을 일삼고 있던 유대인들을 향해 빨리 돌이켜야 한다는 사실을 강조하고 있는 것입니다. 또 한편으로는, 이번 챕터 제목처럼 우리가 왜 복음 24의 삶을 살아야 하는지에 대해서 아주 사실적으로 보여주고 있습니다. 사탄은 24시 우는 사자와 같이 두루 다니며 삼킬 자를 찾아서 어떻게 해서든 복음적 Oneness를 깨고 언약적 도전을 할 수 없는 상태로 만드는 것입니다. 그 핵심 도구가 상대방에 대한 비판과 정죄입니다. 영적으로 부정적이고 불신앙적인 체질이 되어 있는 대상을 찾아가서 분란을 일으키고 Oneness를 깨도록 부추기는 것입니다. 그러면 자연스럽게 하나님 나라의 일은 한 걸음도 나아가지 못하게 됩니다.

사탄의 공격이 이처럼 24시 이루어지는데 우리가 복음 24가 되지 않으면 어떻게 되겠습니까? 속수무책으로 당하게 되어 있습니다. 그러므로 우리는 복음이 우리의 삶 속에 특히 우리의 잠재의식까지에도 완전히 뿌리내린 삶을 살아감으로써 복음 24의 영적 체질로 변화되어야 할 것입니다.

깨야 할 판단과 정죄의 옛 틀

그러므로 남을 판단하는 사람아, 누구를 막론하고 네가 핑계하지 못할 것은 남을 판단하는 것으로 네가 너를 정죄함이니 판단하는 네가 같은

일을 행함이니라 _로마서 2:1

사도 바울은 로마서 2장을 시작하면서 깨야 할 옛 틀에 대해서 아주 직설적으로 표현했습니다. 그것이 바로 남을 판단하고 정죄하는 일입니다. 바울이 쓴 로마서는 로마교회에 보낸 서신서입니다. 당시 로마는 전 세계 사람들이 모여들어서 서로 다른 문화적 배경을 가진 사람들이 많은 다문화 도시였습니다. 따라서 로마교회 안에도 유대 출신들뿐 아니라 다양한 인종들이 모였습니다.

그런데 그 가운데 일부 유대 배경을 가진 자들이 이방인들을 향해 판단하고 정죄하는 모습을 아직도 못 버리고 있었습니다. 그런데 이런 판단과 정죄의 중심에 있는 것이 율법이었습니다. 사실 율법은 하나님께서 주신 것이고 선한 것입니다. 율법을 통해서 인간은 하나님의 은혜가 절대적으로 필요한 존재라는 사실을 깨닫게 됩니다. 하지만 유대인들은 이런 율법을 주신 본질적 이유를 놓친 채 율법을 가지고 다른 이방인들을 판단하고 정죄하는 도구로 사용했습니다. 이것을 가리켜 율법주의라고 합니다. 이런 삶은 결코 다른 사람을 살릴 수가 없습니다. 더군다나 율법주의적 삶을 살다 보면 결국 자기 자신도 영적으로 메말라 버리기 때문에 나도 죽고 다른 사람도 죽이는 결과를 초래하게 되는 것입니다.

과거에 「목사의 딸」이라는 책이 한국 교계에 큰 파장을 불러일으킨 적이 있었습니다. 이 책을 쓴 박혜란 목사는 한국교회에 큰 영향을 끼친 신학자인 박윤선 목사의 딸입니다. 그녀는 서울대를 졸업하고 미국에 이민 가서 신학을 공부하여 목사가 되었는데 75세에 이 책을 썼습니다. 이 책을 통해 그녀는 아버지가 많은 사람들에게 큰 존경을 받았던 신학자였지만, 가정에서는 유교적이고 가부장적인 권위주의에 사로잡힌 율법주의자였다고 밝혔습니다. 아버지의 율법적인 교육으로 인해 자라면서 아버지로부터 받은 상처가 너무 컸다고 합니다. 하나님을 언제나 무섭고 벌주는 분으로 여겼고, 항상 하나님 앞에 죄를 지을까 봐 두려워 떨며 살았으며, 자기 자신은 물론 다른 사람을 볼 때 장점을 보기보다 단점과 죄를 보는 예리한 눈을 갖게 되었다는 것입니다. 그런 그녀가 아버지가 돌아가시기 전에 자녀들과 진정으로 화해했으면 하는 간절한 마음으로 장문의 편지를 보냈다고 합니다. 아버지가 잘못 이해한 것과 가족에게 상처 주었던 일들에 대해서 마지막으로 잘못한 것은 잘못했다고 해 주시고 "용서해라, 사랑한다"는 말 한마디만 해달라는 마음을 전한 것이었습니다. 하지만 아버지가 보인 반응은 그녀의 바람과는 달랐습니다. 박윤선 목사는 미국에 있는 딸을 찾아와 성경을 한 구절 보여주며 "회개하라"는 말 한마디만 했다고 합니다. 그때 그가 딸에게 보여준 성경 구절이 출애굽기 21:17로 "자기의 아버지나 어머니를 저주하는 자는 반드시 죽일지니라"입니다.

참 가슴을 턱 막히게 합니다. "내가 잘못했다. 너희들을 사랑한다."라는 말 한마디가 그렇게 어려운 것입니까? 율법주의자들은 자신이 잘못했다는 고백을 못 합니다. 설령 고백한다 해도 "나도 잘못했지만, 그러는 너는"이라고 꼭 토를 달아서 더 큰 상처를 줍니다. 율법주의자가 이렇게 무서운 것입니다. 이 책이 나오자 주변 사람들은 아버지인 박윤선 목사를 옹호하는 반론도 했습니다. 그러나 딸인 박혜란 목사가 75세에 아픈 가족사를 들추어내면서까지 하고 싶었던 말은 한국교회가 율법주의적인 전통에서 하루속히 벗어나서 복음으로 갱신해야 한다는 것입니다.

사도 바울은 로마서 2:1에서 율법주의자들을 향해 남을 판단하고 정죄하는 것은 사실 스스로 자신을 정죄하는 것이나 마찬가지라고 강조했습니다. "남을 판단하는 것으로 네가 너를 정죄함이니 판단하는 네가 같은 일을 행함이니라" 남을 판단하는 자체가 누워서 침 뱉기라는 것입니다.

예수님도 마태복음 7:1~3에 이렇게 말씀하셨습니다. "비판을 받지 아니하려거든 비판하지 말라 너희가 비판하는 그 비판으로 너희가 비판을 받을 것이요 너희가 헤아리는 그 헤아림으로 너희가 헤아림을 받을 것이니라 어찌하여 형제의 눈 속에 있는 티는 보고 네 눈 속에 있는 들보는 깨닫지 못하느냐" 들보는 집을 지을 때 세우는 대들보, 큰 재목을 말합니다. 이런 들보는 나무의 조각을 말하는 티끌과는 비교할 수 없습니다. 그런데 많은 사람이 자신의 눈 속에 있는 들보는 깨닫지 못하면서 상대방의 눈 속에 있는 티끌을 보고 비판을 합니다. 영적 삶을 사는 데 있어서 마치 재판관, 검열관과 같은 시각을 가지고 있으면 자기도 죽고 상대방도 죽게 됩니다. 그래서 백해무익한 비판은 반드시 버려야 할 옛 틀입니다.

　다른 사람을 판단하고 정죄한다는 것은 여전히 창세기 3장의 환경 속에 걸려 있다는 것입니다. 불신자는 창세기 3장에 완전히 소속되어 있어 그렇다 치더라도 하나님의 자녀가 되어서도 여전히 그 영향 아래 있다면 이것만큼 불행하고 어리석은 일도 없는 것입니다. 우리는 창세기 3장이라는 옛 틀에서 완전히 빠져나와야 합니다. 어떻게 그렇게 될 수 있습니까? 예배에 성공하면 됩니다. 여러분 가운데 나는 체질 변화가 잘 안 된다고 생각하시는 분은 강단의 말씀을 붙잡고 하루 5분, 10분 정도만 집중해서 기도해 보시면 반드시 체질이 변화되는 새로운 시작을 맛보게 될 것입니다. 이를 통해 응답을 확인하고 축복을 확인하며 생동감 넘치는 복음적 신앙생활을 해 나가시기 바랍니다.

갖추어야 할 복음의 새 틀

이런 일을 행하는 자에게 하나님의 심판이 진리대로 되는 줄 우리가 아노
라 이런 일을 행하는 자를 판단하고도 같은 일을 행하는 사람아,
네가 하나님의 심판을 피할 줄로 생각하느냐 _로마서 2:2~3

사도 바울은 판단과 정죄를 일삼는 사람은 하나님의 심판을 피할 수 없다고 말했습니다. 로마서 2:5에는 판단과 정죄를 하면 할수록 그것이 하나님의 진노를 쌓는 것이라고 표현하고 있습니다. 그만큼 판단과 정죄는 하나님 앞에서 합당치 못한 행동이라는 것입니다. 그 이유가 어디 있습니까? 하나님의 모든 관심은 생명 살리는 데 있습니다. 그런데 판단과 정죄는 생명을 살리는 것이 아니라 모든 소망을 완전히 짓이겨 버리는 아주 악하고 교만한 행동이기 때문입니다.

그래서 사도 바울은 남을 판단하고 정죄하는 옛 틀에 갇힌 사람들은 하나님의 심판을 받는 자리에 있기 때문에 여기서 빨리 벗어나야 한다고 말한 것입니다. 로마서 2:4에 보면 하나님의 인자하심과 용납하심과 길이 참으심이 풍성하다는 것을 강조하면서 왜 이런 하나님의 은혜를 멸시하는 삶을 사느냐고 안타까워했습니다. 여기서 즉시로 돌이키라는 것입니다.

하나님께서 각 사람에게 그 행한 대로 보응하시되 참고 선을 행하여 영
광과 존귀와 썩지 아니함을 구하는 자에게는 영생으로 하시고 오직 당을
지어 진리를 따르지 아니하고 불의를 따르는 자에게는 진노와 분노로
하시리라 _로마서 2:6~8

사도 바울이 옛 틀에 갇힌 삶과 복음으로 새 틀을 갖춘 삶의 결과를 잘
보여주고 있습니다. 복음으로 새 틀을 갖춘 삶은 영생의 축복 속으로, 여
전히 옛 틀에 갇힌 삶은 진노와 분노의 심판 속으로 들어가게 된다는 것
입니다. 7절을 보면 참고 선을 행하여 영광과 존귀와 썩지 아니함을 구하
는 삶을 강조했고, 8절에는 진리를 따르는 삶을 살아야 한다는 사실을 강
조했습니다. 7절에 나오는 선을 행하는 삶과 8절의 진리를 따르는 삶은
사실 같은 의미를 가지고 있습니다. 하나님의 말씀인 진리를 따르는 삶이
바로 선을 행하는 삶입니다.

그런데 선을 행하는 삶에 대해 많은 사람들이 오해를 했습니다. 유대인
들이 그러했습니다. 바울은 로마서 2:12 이후로 유대인과 율법의 관계에
대해서 계속 설명했습니다. 유대인들이 생각하는 선은 율법을 지키는 것
이었습니다. 그래서 율법의 규례와는 거리가 먼 삶을 살았던 이방인들이
용납되지 않았고, 판단과 정죄를 한 것입니다. 사도 바울은 이것이 잘못
되었다는 것이며, 왜 그렇게 하나님의 말씀을 제대로 깨닫지 못하고 자

꾸 헛발질을 하느냐는 것입니다. 또 한편으로는 하나님의 선을 행한다는 말을 단순히 일반적인 선행을 의미하는 것으로 오해하는 사람들이 있습니다. 그래서 구제, 봉사 등 다양한 박애주의적인 활동을 합니다. 이것이 나쁜 것은 아니지만, 이는 하나님의 선을 이루는 것에 대한 영적 본질을 놓치게 만듭니다.

그 대표적인 종교가 천주교 입니다. 천주교는 교리 자체가 그렇게 되어 있습니다. 대표적으로 연옥 교리를 보면 잘 나타나 있습니다. 천주교는 천국과 지옥 사이에 연옥이 있다고 주장합니다. 죄를 지은 영혼이 연옥에서 고통을 받고 죄에 대한 보상을 다 하면 천국으로 옮겨갈 수 있다는 것입니다. 그런데 더 이해할 수 없는 것은 그 자녀들이 대신해서 드리는 미사, 기도, 헌금, 자선 등의 행위를 통해 이 고통의 기간을 단축할 수 있다는 것입니다. 그래서 천주교인들을 보면 착하고, 정직하고, 구제하고, 선행하는 데 가장 앞장을 섭니다. 그런데 이것만큼 하나님의 선을 오해하게 만드는 행위도 없습니다.

성경 어디에 연옥이 있습니까? 죽은 자를 위하여 기도하면 그 사람이 구원을 받게 됩니까? 절대 그렇지 않습니다. 구원은 인간의 노력과 행위가 아닌 하나님의 절대 은혜이며 육신의 죽음 이후에는 기회가 없습니다. 이는 결코 하나님 중심, 말씀 중심의 신앙이 아닙니다. 우리는 하나님 말씀을 따르는 삶, 진리를 따라는 삶이 곧 선을 행하는 삶이라는 사실을 분명히 깨달아야 합니다.

복음적 시각

유명한 영성 신학자인 유진 피터슨 목사의 저서 중에 「거북한 십대, 거룩한 십대」라는 책이 있습니다. 책 제목에서 알 수 있듯이 청소년 자녀 양육에 대한 내용이 담겨 있습니다. 이 책에 흐르는 중요한 관점이 있는데 바로 부모가 자라야 아이가 자란다는 것입니다. 부모가 먼저 변해야 한다는 것을 말합니다. 그는 십대 청소년을 '거북한 포장에 싸인 하나님의 선물'이라고 표현했습니다. 하나님께서 선물로 주셨는데 겉으로 드러난 것만 가지고, 거북하다고만 바라보면 답이 없다는 말입니다. 다시 말해서 복음적 시각을 가지고 부모가 먼저 그릇을 키우고 성장하면 자녀는 거룩한 십대로 변화된다는 것입니다.

비단 자녀 양육뿐만 아니라 우리의 신앙생활이 복음 24가 되면 모든 것이 문제 될 것이 없습니다. 이를 위해서는 창세기 3장의 자기 한계에서 빨리 빠져나와야 합니다. 오직 그리스도가 되면 모든 것이 자연스럽게 정리

됩니다. 복음적 시각을 가질 때 비로소 우리는 변화될 수 있습니다. 여러분 모두가 이런 변화를 체험하는 복음 24의 영적 체질이 되시기를 예수 그리스도의 이름으로 축복합니다.

누구에게나 필요한 복음!

로마서 3:23~24

[23]모든 사람이 죄를 범하였으매 하나님의 영광에 이르지
못하더니 [24]그리스도 예수 안에 있는 속량으로 말미암아 하나님
의 은혜로 값 없이 의롭다 하심을 얻은 자 되었느니라

복음이 필요한 존재

사도 바울은 로마서를 통해서 왜 복음이 필요한지 그 복음에는 어떤 능력이 있는지 복음이 각인, 뿌리, 체질화된 사람이 어떻게 변화된 삶을 살 수 있는지에 대해 아주 논리정연하게 표현하고 있습니다. 특히 로마서 초반부에 왜 우리에게 하나님의 복음이 필요한지에 대해서 다각도로 설명을 하고 있습니다. 그런데 이런 복음의 필요성을 설명하기 위해 반드시 짚어야 할 것이 인간의 죄 문제입니다. 그래서 바울은 로마서 1:18부터 로마서 3장까지 줄기차게 죄에 대해서 언급했습니다. 특히 이러한 언급의 절정인 로마서 3:23을 통해 바울은 이렇게 선언했습니다. "모든 사람이 죄를 범하였으매 하나님의 영광에 이르지 못하더니" 한 사람도 예외 없이 모든 사람이 죄를 범하였다는 것입니다. 역으로 표현하면 그래서 모든 사람은 반드시 복음이 필요한 존재라는 것입니다.

사도 바울은 앞의 성경 말씀을 통해 유대인들이 가지고 있던 고정관념, 선입견, 편견을 무너뜨렸습니다. 유대인들의 착각 중의 착각은 자신들이 하나님의 선택받은 민족으로 죄인이 아니라는 것입니다. 자신들은 율법을 지킴으로 충분히 구원받을 자격이 있다는 것입니다. 그러나 사도 바울은 이런 잘못된 생각에 경종을 울립니다. 그러면서 모든 인간은 죄인으로 오직 하나님의 은혜만이 필요한 존재임을 강조했습니다.

인간의 전적 타락

모든 사람이 죄를 범하였으매 하나님의 영광에 이르지 못하더니

_로마서 3:23

앞의 성경 말씀은 얼핏 들으면 아주 기분 나쁜 소리로 들릴 수 있습니다. 한 사람도 예외 없이 모든 인간은 죄인 된 존재라는 것입니다. 사도 바울은 로마서 3:9에 유대인이나 헬라인이나 예외 없이 모두 죄 아래 있다는 사실을 선포했습니다. 그리고 10절에도 보면 "의인은 없나니 하나도 없으며"라고 밝히고 있습니다. 이어서 바울은 18절까지 시편과 이사야서의 말씀을 인용하여 인간의 죄악 된 모습을 정리했는데 인간은 죄에 사로잡혀 아주 무능하고 부패하고 절망적인 존재라고 밝혔습니다. 한마디로 인간은 전적으로 타락한 존재라는 것입니다.

어떤 분들은 "나는 특별히 죄를 지은 게 없다. 나는 다른 사람을 도와주면 도와주었지 남에게 해를 끼치지도 않았다"고 하면서 의아해할 수 있습니다. 물론 도덕적으로 윤리적으로 착한 사람들은 많습니다. 그런데 앞

의 성경 말씀에서 말하고 있는 죄는 이런 인간적인 기준의 죄와는 다릅니다. 성경에서 말하는 가장 큰 죄는 다른 것이 아니라 하나님의 말씀을 거역하고 불순종한 죄입니다. 하나님을 믿지 않는 것이 가장 큰 죄입니다. 죄의 기준과 죄의 의미를 잘 이해해야 합니다.

헬라어로 죄를 '하말티아'라고 하는데 이는 화살이 과녁을 벗어난 것처럼 하나님과 빗나간 관계, 깨어진 관계를 의미합니다. 한마디로 창세기 3장의 첫 사람 아담의 범죄로 인해 하나님과의 화목 관계가 깨어진 이것을 원죄라고 합니다. 이런 원죄는 자자손손 대물림이 되고 인간의 어떤 행위나 노력으로 해결할 수 없는 영적인 것입니다. 사람들이 이것을 어떻게 알겠습니까? 교회 다닌다고 해도 모르는 경우가 많습니다. 그러니 답이 없는 것입니다.

앞의 성경 말씀을 보면 모든 사람이 죄인이라는 사실에 대해서 가장 거부반응을 일으키는 사람들이 유대인들입니다. 유대인들은 그때나 지금이나 하나님의 특별한 선택을 받았기 때문에 자신들은 예외라고 생각했습니다. 어떻게 선민이 이방인들과 똑같이 취급을 받아야 되겠느냐는 말입니다. 유대인들은 무엇보다 율법의 행위로 의롭다 함을 얻을 수 있다고 철석같이 믿고 있었습니다. 그래서 사도 바울이 로마서 3:20에서 이렇게 결론을 내렸습니다. "그러므로 율법의 행위로 그의 앞에 의롭다 하심을 얻을 육체가 없나니 율법으로는 죄를 깨달음이니라" 율법을 지킨다고 해서 죄를 없앨 수 있는 것이 아닙니다. 율법은 죄를 깨닫게 하는 기능만 가지고 있는 것으로 죄 문제의 해결책이 아닙니다. 율법의 기능을 유대인들이 오해한 것입니다.

팀 켈러 목사님은 유대인이나 헬라인이나 다 죄 아래 있다는 선언에 대해서 이런 비유를 들어 알기 쉽게 설명했습니다. "율법을 지켜서 의로워지려는 것은 태평양을 헤엄쳐 건너가려는 것과 같다. 수영을 아주 못하는 사람, 수영을 좋아하고 잘하는 사람, 국가대표급 수영선수의 세 부류의 사람이 있다. 이들의 수영 실력은 각각 다르지만, 수영으로 태평양을 건널 수 없다는 점에서는 똑같다. 첫 번째는 바다에 들어가자마자 익사한다. 두 번째는 어느 정도 수영할 수 있어서 처음에는 잘 나가다가 1km쯤 가서 바다에 가라앉는다. 마지막 국가대표급 수영선수는 오랜 시간 수영할 수 있지만, 4km 정도 가면 지치기 시작해서 6km 지점에서는 힘이 빠지더니 8km 지점에서 익사한다. 이것이 모든 사람이 율법으로 의로워질 수 없다는 의미이다." 수영해서 태평양을 건너가려는 시도 자체가 말이 안 되는 것처럼 율법을 지켜서 의로워지려는 것도 말이 안 되는 것입니다. 모든 인간은 아무리 자신이 의롭다고 주장해도 똑같이 죄의 영향 아래 있습니다.

로마서 6:23을 보면 죄의 삯은 사망이라고 밝혔습니다. 히브리서 9:27에서도 "한번 죽는 것은 사람에게 정해진 것이요 그 후에는 심판이 있으리니"라며 인간의 죽음 이후에는 반드시 하나님의 심판이 따르게 된다고 강조했습니다. 하나님의 심판을 통해 영원한 지옥불에 빠질 수밖에 없는 것이 범죄한 인간의 운명입니다. 이런 영적 실상을 알지 못하고 여전히 죄악 가운데 살고 있는 불신 영혼들을 보고 우리는 언약적 한을 가져야 합니다. 그대로 놔두면 모두가 다 지옥행입니다. 지옥으로 가는 길은 낭떠러지가 아니라 밋밋한 내리막입니다. 그래서 사람들이 전혀 눈치 채지 못하는 것입니다. 그러므로 우리는 영적인 눈을 열고 그들에게 올바른 복음의 길을 제시해야 합니다.

하나님의 절대 은혜

> 모든 사람이 죄를 범하였으매 하나님의 영광에 이르지 못하더니 그리스도 예수 안에 있는 속량으로 말미암아 하나님의 은혜로 값 없이 의롭다 하심을 얻은 자 되었느니라 _로마서 3:23~24

성경은 우리 모두가 다 죄인이라고 표현하고 있습니다. 그리고 그 죄 때문에 하나님의 영광에 이르지 못한다고 밝히고 있습니다. '이르지 못하더니'라는 말의 시제가 현재형입니다. 아담이 범죄한 죗값이 지금도 미치고 있다는 의미입니다. 하나님을 영화롭게 하는 존재로, 유일하게 하나님의 형상대로 지금 받고 에덴의 축복을 누렸던 인간이 죄를 지음으로 이 모든 특권을 잃게 된 것입니다. 어떤 사람은 왜 우리가 아담과 하와 때문에 이런 죄 문제에 시달려야 하느냐고 억울해합니다. 그런데 우리는 억울해할 필요가 없습니다. 하나님께서 첫 사람 아담이 지은 원죄에 대한 책임을 우리에게 묻지 않으시고 친히 해결의 길을 열어주셨기 때문입니다. 그것이 바로 예수 그리스도의 십자가 대속을 통한 속량입니다.

속량이라는 말은 로마에 노예제가 있던 시대에 통용되던 용어입니다. 그당시 노예의 지위는 인간이 아니라 짐승과 마찬가지였습니다. 그런데 누군가 노예 시장에서 막대한 돈을 지불하고 노예를 산 뒤에 받은 노예 증서를 그 노예가 보는 앞에서 찢어버리면서 "너는 이제 해방이다. 더 이상노예가 아니다."라고 자유를 선언하는 것이 속량입니다. 하나님께서는 예수 그리스도의 십자가 대속과 부활을 통해 죄의 노예 상태 있던 우리에게 속량의 은혜를 베풀어 주셨습니다. 그래서 예수 그리스도를 믿는 자는 누구든지 죄인에서 의인으로 완벽하게 바뀌게 됩니다. 에베소서 1:7을 보면 "우리는 그리스도 안에서 그의 은혜의 풍성함을 따라 그의 피로 말미암아 속량 곧 죄 사함을 받았느니라"라고 되어 있습니다. 로마서 8:1~2에는 죄로부터 법적 해방된 존재임을 강조했습니다. "그러므로 이제 그리스도 예수 안에 있는 자에게는 결코 정죄함이 없나니 이는 그리스도 예수 안에 있는 생명의 성령의 법이 죄와 사망의 법에서 너를 해방하였음이라" 이 말씀을 깨닫고 믿으시기 바랍니다.

그런데 이런 말씀을 잘 보면 한 가지 공통적인 특징이 있습니다. 그것은 바로 죄 사함을 받아 의인이 되는 것은 어떤 인간의 노력이 아니라 하나님의 절대 은혜라는 것입니다. 사도 바울은 예수님의 속량을 통해 우리가 값없이 의롭다 하심을 얻은 자가 되었다고 선포했습니다. 여기서 '값없다'라는 표현은 '값싸다'라는 의미가 아니라 '값을 매길 수 없다'는 뜻입니다. 그만큼 어떤 것과도 비교할 수 없는 절대 가치가 있는 것입니다. 그리고 이것은 어떠한 인간의 노력이나 행위를 요구하지 않는 하나님의 전적인 은혜임을 강조하는 것입니다. 예수 그리스도를 통해 베풀어 주신 절대 은혜 속에서만 우리가 하나님의 자녀가 되어 영생을 얻게 됩니다. 우리가 잘 보아야 할 것이 예수 그리스도입니다. 하나님의 절대 은혜는 오직 예수 그리스도를 통해서만 주어집니다.

'피케팅'이라는 말이 있습니다. '피 튀기는 티켓팅'이란 말로 인기 가수나 아이돌 그룹 콘서트 표를 전쟁을 치르듯 치열하게 구하는 것을 뜻합니다. 몇 만 원 하던 티켓이 몇 십, 몇 백만 원까지 올라가는 경우도 있습니다. 그런데 구원을 얻는 티켓은 완전 무료입니다. 예수 그리스도가 십자가 상에서 모든 죗값을 다 치르셨기 때문입니다. 우리는 이런 하나님의 절대 은혜 속에 살아가는 존재입니다.

지금 필요한 복음

'정상성 편견(Normality Bias)'이라는 사회심리학 용어가 있습니다. 이 말은 사고나 재난으로 피해가 예상되는데 별일 아닐 것이라고 쉽게 생각하다가 참사가 반복되는 현상을 일컫는 말입니다. 과거에도 그런 일이 있었는데 문제없이 지나갔다는 안이한 생각, 시간이 지나면 다 해결될 것이라는 막연한 생각, 괜히 소란스럽게 문제를 처리하려다가 문제를 더 복잡하게 만들 수 있다는 부정적 생각 등이 복합적으로 얽혀 정상성 편견을 만들어내는 것입니다.

영적인 삶에서도 이런 정상성 편견이 많습니다. 지금 현장의 불신 영혼들은 가만히 놔두면 영벌의 길로 가게 되어있는데 너무나 안이하게 우리는 생각합니다. 내가 아니더라도 구원받기로 작정되어 있다면 다른 누군가가 하겠지, 괜히 저 사람에게 복음을 말했다가 마음이라도 상하면 관계가 어색해지지 않을까, 복음 전했다가 저 친구가 날 멀리하지 않을까? 등등 온갖 부정적인 생각을 하면서 자기 합리화를 하는 것이 영적 정상성 편견 속에 빠져 있는 것입니다.

  자신이 누군가에게 복음을 전해야겠다는 마음이 들면 그것이 하나님의 시간표라고 생각하고 즉시로 전해야 합니다. 우리 인생은 언제 어떻게 될지 모릅니다. 하루 동안에 무슨 일이 일어날지 모르는 것입니다. 그렇기 때문에 지금을 놓치지 마시고, 주저하지 마시길 바랍니다. 복음은 누구에게나 지금 필요하다는 사실을 깨달아야 합니다. 이를 통해 여러분 모두가 생명 구원의 시간표를 놓치지 않는 그리스도의 절대 제자가 되시기를 예수 그리스도 이름으로 축복합니다.

제대로 복 받으셨습니다!

로마서 4:1~8

[1]그런즉 육신으로 우리 조상인 아브라함이 무엇을 얻었다 하리요 [2]만일 아브라함이 행위로써 의롭다 하심을 받았으면 자랑할 것이 있으려니와 하나님 앞에서는 없느니라 [3]성경이 무엇을 말하느냐 아브라함이 하나님을 믿으매 그것이 그에게 의로 여겨진 바 되었느니라 [4]일하는 자에게는 그 삯이 은혜로 여겨지지 아니하고 보수로 여겨지거니와 [5]일을 아니할 지라도 경건하지 아니한 자를 의롭다 하시는 이를 믿는 자에게 는 그의 믿음을 의로 여기시나니 [6]일한 것이 없이 하나님께 의로 여기심을 받는 사람의 복에 대하여 다윗이 말한 바 [7]불법이 사함을 받고 죄가 가리어짐을 받는 사람들은 복이 있고 [8]주께서 그 죄를 인정하지 아니하실 사람은 복이 있도다 함과 같으니라

믿음으로 얻는 구원

바울은 로마서를 통해서 인간의 행위를 통해서는 절대 구원을 얻을 수 없고 오직 믿음으로만 의롭다 하심을 얻는다는 구원의 메시지를 다각도로 설명했습니다. "오직 의인은 믿음으로 말미암아 살리라"라며 이렇게 구원의 메시지를 설명하는 데에는 이유가 있습니다. 사도 바울이 로마서를 기록할 때 그 수신 대상이 로마에 살고 있던 유대인들이었습니다. 그런데 유대인들은 어려서부터 율법으로 교육을 받았기 때문에 율법이 체질화되어 있었습니다. 율법의 특징 중 하나가 행함입니다. 그래서 구원도 율법을 지킴으로 얻을 수 있다고 착각하고 있었습니다. 이런 율법적 삶은 판단과 정죄로 인해 결국 자신도 죽고 다른 사람도 죽이는 결과를 초래하기 때문에 지금 사도 바울은 어떻게 해서든 이들이 제대로 된 신앙생활을 할 수 있도록 인도해주고 싶은 심정인 것입니다.

사실 유대교를 비롯한 세상 종교는 전부 다 행함으로 절대자를 향해 나아가는 모습을 보입니다. 고행을 하고 선행을 베풀고, 도덕적 삶을 사는 것에 초점을 맞춥니다. 그런데 기독교는 이런 세상 종교와는 완전히 다릅니다. 기독교의 복음은 이미 하나님께서 예수 그리스도를 통해 구원의 길을 열어 놓으셨다는 것입니다. 인간의 행위가 전혀 필요 없다는 이 영적 진리를 믿기만 하면 그 즉시로 영원한 생명을 얻게 되고 하나님의 자녀가 되는 축복 속으로 들어오게 됩니다. 그래서 사람들은 오히려 믿으려 하지 않습니다. "이렇게 쉬워도 됩니까? 내가 아무것도 하지 않았는데 설마?" 하는 생각을 버려야 합니다. 내가 뭔가를 해서 성취해야 그것이 진짜 자기 것으로 생각하지만, 구원은 전혀 그렇지 않습니다. 믿으면 됩니다. 선물로 주신 것을 감사함으로 받으면 그것으로 끝입니다.

여러분이 생각하고 있는 복의 기준은 무엇입니까? 부와 명예, 권력, 내가 원하는 대로 일이 이루어지는 것이 복이라고 생각하십니까? 세상 사람들은 전부 다 창세기 3장, 6장, 11장의 관점에서 복을 바라보기 때문에 속고 착각하는 것입니다. 성경이 우리에게 말씀하고 있는 복의 출발은 하나님을 떠난 인간이 하나님을 만나는 것에서 시작됩니다. 이것을 구원, 영생이라고 말하는 것입니다. 이 구원의 복, 영생의 복이 인생 최고의 복이며 근원적인 복입니다.

여기에 더해 우리는 추가적인 복을 더 받았습니다. 그것이 무엇입니까? 바로 원색 복음을 맛보게 된 것입니다. '예수가 그리스도 인생 모든 문제 해결자 되신다'는 3오직의 복음을 사실적으로 누리게 된 것입니다. 오직 그리스도, 오직 하나님 나라, 오직 성령 충만이 되면 끝난 것이 아닙니까? 우리는 정말 제대로 복 받은 사람들입니다.

의인이 된 복

그런즉 육신으로 우리 조상인 아브라함이 무엇을 얻었다 하리요 만일 아
브라함이 행위로써 의롭다 하심을 받았으면 자랑할 것이 있으려니와 하
나님 앞에서는 없느니라 성경이 무엇을 말하느냐 아브라함이 하나님을
믿으매 그것이 그에게 의로 여겨진 바 되었느니라

_로마서 4:1~3

　사도 바울은 행위가 아닌 하나님의 절대 은혜로 말미암아 믿음으로 구
원받았다는 말씀을 설명하기 위해서 아브라함을 대표적인 예로 들었습니
다. 바울이 이렇게 아브라함을 예로 든 것은 몇 가지 이유가 있습니다. 아
브라함은 유대인들의 조상이며 이들이 최고로 존경하는 사람으로서 누
구든지 알 수 있는 인물이기 때문입니다.

　특히 아브라함은 율법이 주어졌던 모세 이전의 인물이기 때문에 바울이
이신칭의(以信稱義) 교리를 설명하기에 가장 적합한 인물이었습니다. 율
법은 아브라함 시대보다 대략 500년이 지난 후 모세 때에 주어졌습니다.
그러므로 아무리 이들이 율법을 주장하더라도 아브라함이 믿음으로 의
롭다 함을 얻었다는 말씀은 율법을 지킴으로 구원 얻는다는 이들의 억지
주장을 무력화시키는데 가장 효과적이었습니다.

바울은 로마서 4:3에서 창세기 15:6의 말씀을 그대로 인용하면서 아브라함이 의롭다 함을 얻게 된 것은 그의 행위가 아닌 믿음에 있음을 밝히고 있습니다. "아브람이 여호와를 믿으니 여호와께서 이를 그의 의로 여기시고" 이들이 생명같이 믿고 있던 모세오경의 첫 번째 말씀인 창세기에 이미 구원의 답이 다 나와 있다는 말씀입니다. 하나님께서는 우리에게 다른 특별한 것을 원하시는 것이 아닙니다. 하나님의 말씀을 그대로 믿고 순종하는 삶을 기뻐하시는 것입니다.

민수기 21장에 보면 광야 생활을 하면서 이스라엘 백성들이 불신앙하여 원망과 불평을 했을 때 하나님께서 불뱀을 보내 심판하셨습니다. 그때 모세가 회개하고 간구할 때 하나님께서 구원의 방법으로 주신 것은 너무나 단순했습니다. 놋뱀 하나를 만들어 장대 위에 매달아 놓고 그것을 쳐다보면 구원을 받는다는 것이었습니다. 모세는 하나님의 말씀대로 실행했고, 그 결과가 9절에 나옵니다. "모세가 놋뱀을 만들어 장대 위에 다니 뱀에게 물린 자가 놋뱀을 쳐다본즉 모두 살더라" 그런데 "설마 놋뱀을 쳐다본다고 살아나겠어?"라고 하면서 쳐다보지 않은 사람은 다 죽었고 반말씀 그대로 단순하게 믿은 사람만 다 살았습니다.

이런 단순함 때문에 사람들이 많이 속습니다. 내 힘으로 뭔가 이루고 특별한 종교적 행동을 행해야만 구원의 길로 들어설 수 있다고 착각합니다.

그러나 복음은 그렇지 않습니다. 더 이상 인간의 노력이 필요하지 않으며, 그 어떤 것도 요구하지 않으십니다.

로마서 4:9~13에 보면 아브라함이 이렇게 의롭다 함을 얻은 것이 할례를 받기 이전이라는 사실을 강조하면서 유대인들이 구원의 조건으로 내세우는 할례에 대한 생각을 완전히 깨버렸습니다. 당시 유대인들은 남자의 생식기 표피를 자르는 할례 행위를 하는 것이 구원의 조건이 된다고 주장했습니다. 이들에게 할례는 자랑이었고 의로움의 근거였습니다.

그런데 이들이 조상으로 여기는 아브라함은 율법 이전의 사람이었습니다. 아브라함이 살았던 때는 율법이 있지도 않았습니다. 그리고 하나님께서 언약의 표징으로 할례를 행하라고 하셨지 그것을 구원의 조건으로 제시하신 일이 전혀 없었습니다. 할례를 행한 시기도 아브라함이 창세기 15:6에서 의롭다 함을 받은 후 14년이 지난 뒤인 창세기 17장에서였습니다. 그러니 할례가 구원과는 전혀 상관이 없다는 증거가 아니냐는 것입니다. 그러면서 이런 결론을 내려줍니다.

아브라함이나 그 후손에게 세상의 상속자가 되리라고 하신 언약은 율법으로 말미암은 것이 아니요 오직 믿음의 의로 말미암은 것이니라
_로마서 4:13

우리는 앞의 말씀과 같이 오직 믿음으로 의롭게 되는 축복을 받았다는 사실을 확실히 붙잡아야 합니다. 그리고 이것은 우리의 모습과 형편, 나의 과거 잘못이나 실수와 상관없이 하나님의 전적인 은혜로 우리에게 주어진 것임을 놓치지 말아야 합니다. 요한복음 6:47에 보면 예수님께서 이렇게 강조하셨습니다. "진실로 진실로 너희에게 이르노니 믿는 자는 영생을 가졌나니" 믿으시기 바랍니다. 믿는 자는 영생을 가졌습니다. 가질 것이다가 아니라 가졌습니다. 이미 끝났다는 것입니다.

완전 자유함의 복

일하는 자에게는 그 삯이 은혜로 여겨지지 아니하고 보수로 여겨지거니와 일을 아니할지라도 경건하지 아니한 자를 의롭다 하시는 이를 믿는 자에게는 그의 믿음을 의로 여기시나니
_로마서 4:4~5

사도 바울은 행위 구원을 주장하는 유대인들을 향해서 한 가지 예를 들어 설명을 했습니다. 일하는 자가 일을 해서 삯을 받을 때 그것을 당연한 대가로 생각하지, 은혜로 생각하지 않습니다. 그런데 아무 일을 하지 않았는데도 삯을 받는다면 그 사람에게는 큰 선물이 될 것입니다. 그저 감사만 넘칠 뿐입니다.

우리가 하나님 앞에서 의롭다 함을 받는 것도 마찬가지입니다. 자격이 없는 사람이 받기 때문에 하나님의 선물이며 은혜가 되는 것입니다. 우리는 아무것도 행한 것이 없지만, 예수 그리스도의 십자가 대속과 부활을 통해 의롭다 함을 얻었습니다.

그러면서 사도 바울은 아브라함 외에 율법이 주어진 이후에 살았던 또 다른 인물인 다윗을 통하여 의롭다 함을 받은 것이 하나님의 절대 은혜임을 강조했습니다.

> 일한 것이 없이 하나님께 의로 여기심을 받는 사람의 복에 대하여 다윗이 말한 바 불법이 사함을 받고 죄가 가리어짐을 받는 사람들은 복이 있고 주께서 그 죄를 인정하지 아니하실 사람은 복이 있도다 함과 같으니라 _로마서 4:6~8

다윗은 아브라함과 함께 이스라엘 민족을 대표하는 인물입니다. 이스라엘의 국기에 다윗의 별이 있을 정도로 이들의 다윗에 대한 자부심은 두말할 필요가 없습니다. 그래서 사도 바울은 시편 32편의 말씀을 인용해서 다윗이 어떻게 의로 여기심을 받았는지 설명하고 있습니다.

시편 32편은 다윗이 죄를 짓고 난 뒤 당한 뼈저린 고통 속에 빠진 그의 심정이 가장 잘 나타나 있는 말씀입니다. 그런데 이런 고통 속에서 한 가지 깨달은 사실은 자기가 아무리 죄에 대해서 몸부림쳐도 소용없었지만, 하나님 앞에 자신의 허물을 고백하는 순간 하나님의 무조건적인 용서를 받게 되었다는 것입니다. 자기가 바로 무조건적인 용서를 받은 사람이라는 것입니다. 사도 바울은 다윗이 위대한 왕이라서가 아니라 하나님께서 무조건 불쌍히 여기시고 모든 허물을 덮어주셨기 때문에 의롭다 함을 얻었다는 사실을 강조하고 있습니다.

신앙생활하면서 여러분의 발목을 잡을 수 있는 것이 죄의식입니다. 사실 불신자 상태로 살 때는 죄인지도 몰랐지만, 예수 믿고 나니까 지금까지 살아온 삶의 모습이 하나님 보시기에 합당하지 않은 부분도 많이 보여질 것입니다. 이때 중요한 것은 그것 때문에 결코 실망하고 좌절하거나 포기해서는 안 된다는 사실입니다. 하나님께서 보여주시는 것은 갱신하라는 뜻이지 결코 죄의식에 빠지라는 것이 아니기 때문입니다.

로마서 8:1~2을 보면 사도 바울이 우리의 신앙 발걸음 속에서 결코 죄의식 속에 빠져 살지 말라는 사실을 아주 단호하게 선포했습니다. "그러므로 이제 그리스도 예수 안에 있는 자에게는 결코 정죄함이 없나니 이는 그리스도 예수 안에 있는 생명의 성령의 법이 죄와 사망의 법에서 너를 해방하였음이라" 그 누구도 예수 그리스도를 통해 하나님의 자녀가 된 자를 정죄할 수 없다는 것입니다. 하나님께서 의롭다 하셨는데 누가 누구를 정죄한단 말입니까? 아직도 가족이 괴롭힌다고 정죄하고, 자녀에게 율법의 잣대로 괴롭히십니까? 누가 정죄할 권한을 주었습니까? 그리스도 안에서는 무조건 해방과 자유입니다.

성 어거스틴이 이런 유명한 말을 했습니다. "하나님을 사랑하고 네 마음대로 하라." 무슨 말입니까? 그냥 네 마음대로 막 가라는 말입니까? 아닙니다. 복음을 통해 주어진 참 자유함을 삶의 현장에서도 마음껏 누리라는 것입니다. 오직 예수 그리스도만 바라보라는 것입니다. 예수 그리스도가 아닌 다른 것에 초점을 맞추면 그것이 굴레가 되고 고통이 됩니다. 이것도 죄, 저것도 죄 하면서 눌리게 되어 있다는 것입니다. 여러분, 완전 자유함을 누리는 성경적 신앙생활을 하시기 바랍니다.

순종과 지속

영화를 관람하는 데에는 두 가지 스타일이 있습니다. 하나는 주인공의 입장에서 영화를 보는 것이고 다른 하나는 비평가 입장에서 영화를 보는 것입니다. 그런데 두 스타일은 큰 차이를 보여줍니다. 주인공의 입장에서 영화를 보는 것은 주인공의 역할에 따라 울기도 하고 웃기도 하면서 사실적인 체험을 합니다. 그런데 비평가의 입장에서 영화를 보면 이런 맛을 느끼기 힘듭니다. 왜냐하면 영화 속의 장단점을 분석하고 평가하느라 영화 자체를 느끼기가 쉽지 않습니다.

영적인 부분에 있어서도 마찬가지입니다. 하나님 말씀을 들을 때 주인공의 입장에서 들어야지, 비평가 입장에서 들으면 늘 평가하고 분석하기만 하느라고 은혜를 받지 못합니다. 결과적으로 자신의 삶 속에 적용할 수가 없게 되고 영적 성장과 응답은 물 건너가는 것입니다. 유대인들이 그랬습니다. 비평가의 입장에서만 받았기 때문에 그들은 지금도 변함이 없습니다.

우리는 영적으로 '단무지 정신'을 가져야 합니다. 단무지 정신이 무엇입니까? 단순, 무식, 지속입니다. 하나님의 말씀에 단순 무식하게 순종하고 지속하는 삶을 말합니다. 사실 하나님의 말씀에 대해서는 머리를 굴릴수록 손해입니다. 강단을 통해 주신 그대로 믿고 일심, 전심, 지속하면 하나님의 영광을 보게 되어 있습니다. 여러분 모두가 이런 언약 성취의 삶을 통해 축복을 체험하게 되시기를 예수 그리스도의 이름으로 축복합니다.

정말 즐거우십니까?

로마서 5:1~11

[1]그러므로 우리가 믿음으로 의롭다 하심을 받았으니 우리 주 예수 그리스도로 말미암아 하나님과 화평을 누리자 [2]또한 그로 말미암아 우리가 믿음으로 서 있는 이 은혜에 들어감을 얻었으며 하나님의 영광을 바라고 즐거워하느니라 [3]다만 이뿐 아니라 우리가 환난 중에도 즐거워하나니 이는 환난은 인내를, [4]인내는 연단을, 연단은 소망을 이루는 줄 앎이로다 [5]소망이 우리를 부끄럽게 하지 아니함은 우리에게 주신 성령으로 말미암아 하나님의 사랑이 우리 마음에 부은 바 됨이니 [6]우리가 아직 연약할 때에 기약대로 그리스도께서 경건하지 않은 자를 위하여 죽으셨도다 [7]의인을 위하여 죽는 자가 쉽지 않고 선인을 위하여 용감히 죽는 자가 혹 있거니와 [8]우리가 아직 죄인 되었을 때에 그리스도께서 우리를 위하여 죽으심으로 하나님께서 우리에 대한 자기의 사랑을 확증하셨느니라 [9]그러면 이제 우리가 그의 피로 말미암아 의롭다 하심을 받았으니 더욱 그로 말미암아 진노하심에서 구원을 받을 것이니 [10]곧 우리가 원수 되었을 때에 그의 아들의 죽으심으로 말미암아 하나님과 화목하게 되었은즉 화목하게 된 자로서는 더욱 그의 살아나심으로 말미암아 구원을 받을 것이니라 [11]그뿐 아니라 이제 우리로 화목하게 하신 우리 주 예수 그리스도로 말미암아 하나님 안에서 또한 즐거워하느니라

완벽한 보장

사도 바울은 앞의 성경 말씀에서 "우리가 환난 중에도 즐거워하나니 이는 환난은 인내를, 인내는 연단을, 연단은 소망을 이루는 줄 앎이로다"라고 고백하고 있습니다. 우리는 환난 중에도 즐거워하는 존재가 되어야 합니다. 왜 그렇습니까? 이 말씀이 바로 로마서 8:28의 말씀으로 이어지기 때문입니다. "우리가 알거니와 하나님을 사랑하는 자 곧 그의 뜻대로 부르심을 입은 자들에게는 모든 것이 합력하여 선을 이루느니라" 삶의 역경 속에서도 언제나 새 힘이 되어준 말씀입니다. 모든 것이 합력하여 선을 이룬다는 말씀은 하나님께서 모든 것을 책임지시겠다는 뜻입니다. 전지전능하신 창조주 하나님께서 책임지시겠다는데 이것만큼 완벽한 보장이 어디에 있겠습니까? 우리가 실제로 위에서 내리는 힘(Heavenly Power)을 가지고 있으면 Heavenly Talent와 Heavenly Mission이 주어지기 때문에 불안, 염려, 근심, 걱정이 발붙일 틈이 없습니다.

오직 그리스도, 오직 하나님 나라, 오직 성령 충만한 삶에는 오직 기쁨만이 흘러나오게 되어 있습니다. 하나님의 자녀가 된 이후에 우리는 복음을 사실적으로 누리는 삶을 살면서, 정말 즐거워하는 삶을 살아야 합니다. 복음을 아는 것과 누리는 것에는 큰 차이가 있습니다. 사실 복음을 아는 것도 놀라운 축복이지만 여기에서 누리는 단계로 영적 업그레이드가 이루어져야 합니다. 단순히 지식적으로만 알고 있으면 과거 종교 생활했던 상황으로 다시 돌아가기 쉽습니다. 복음이 각인, 뿌리, 체질되어 실제 삶 속에서 살아 역사하는 역동적인 신앙생활을 해야 합니다.

하나님과 화평을 누리는 삶

그러므로 우리가 믿음으로 의롭다 하심을 받았으니 우리 주 예수
그리스도로 말미암아 하나님과 화평을 누리자

_로마서 5:1

로마서에 나오는 '그러므로'라는 표현은 앞의 내용에 대한 결론을 내리는 중요한 표현입니다. 로마서 5장을 시작하며 나오는 '그러므로'는 크게 로마서 1장부터 4장까지의 말씀을 받는 말입니다. 여기서 사도 바울이 강조하는 것은 죄인인 우리가 하나님의 은혜로 값없이 구원을 받았다는 것입니다. 그리고 그 방법이 바로 예수 그리스도의 십자가 대속과 부활이었습니다. 바울은 로마서 4:25에 이 사실을 밝혔습니다. "예수는 우리가 범죄한 것 때문에 내줌이 되고 또한 우리를 의롭다 하시기 위하여 살아나셨느니라" 예수 그리스도께서 인간의 근원적인 죄 문제를 해결하시

기 위해 십자가를 지셨고 그 죄 문제가 완벽히 해결되었다는 증거로 부활하셨습니다. 십자가 대속과 부활의 결과로 우리가 의롭다 함을 얻게 된 것입니다.

그래서 사도 바울은 로마서 5:1에서 "그러므로 우리가 믿음으로 의롭다 하심을 받았으니 우리 주 예수 그리스도로 말미암아 하나님과 화평을 누리자"라고 힘주어 강조한 것입니다. 특히 우리가 의롭다 하심을 받았다는 것이 중요합니다. 여기서 받았다는 표현은 영어로 'receive'입니다. 인간이 어떤 행위를 통해 성취하는 'achieve'가 아닙니다. 그래서 하나님께서 주시는 선물이며 우리는 감사함으로 아멘으로 받으면 끝나는 것입니다. 그리고 여기에서 한 걸음 더 나아가 그 축복을 사실적으로 누리는 삶을 살아야 한다는 것입니다. 그 핵심이 하나님과 화평을 누리는 삶입니다. 앞의 성경 말씀에 나오는 "우리 주 예수 그리스도로 말미암아 하나님과 화평을 누리자"라는 표현은 곧 성삼위 하나님이 함께하시는 With, Immanuel, Oneness의 축복을 24시 누리라는 것입니다.

성 어거스틴은 "하나님께서 인간을 창조하셨기 때문에 인간이 하나님께로 돌아올 때까지는 그 마음에 안식이 있을 수 없다."라고 말했습니다. 하나님과 원수 관계에 있을 때는 절대로 참 안식, 참 평안이 있을 수가 없습니다. 전도 현장에서 복음을 증거할 때 예수 그리스도를 영접한 사람들의 첫 번째 고백이 평안하다는 말입니다. 창세기 3장에서 하나님의 말씀에 불순종하여 하나님을 떠나 죄와 저주 가운데 사탄에게 종노릇하며 살다가 영원히 멸망 받을 수밖에 없는 상황이 극적으로 바뀌는 것을 영접이라고 합니다. 그때 말로 표현할 수 없는 참 평안이 임하는 것입니다. 이는 하나님과 화평이 이루어졌기 때문에 주어지는 축복입니다.

또한 그로 말미암아 우리가 믿음으로 서 있는 이 은혜에 들어감을 얻었으며 하나님의 영광을 바라고 즐거워하느니라 다만 이뿐 아니라 우리가 환난 중에도 즐거워하나니 이는 환난은 인내를, 인내는 연단을, 연단은 소망을 이루는 줄 앎이로다

_로마서 5:2~4

바울은 하나님과의 화평을 지속적으로 누리는 삶이 의롭다 하심을 받은 자의 축복임을 강조했습니다. 특히 우리가 하나님의 자녀가 되었기 때문에 하나님 은혜의 보좌 앞에 당당히 나아갈 수 있음을 밝혔습니다. 이는 우리에게 하나님 앞에 예배를 드릴 수 있고 하나님께 기도하여 응답받는 특권이 주어졌다는 것입니다.

과거 하나님을 떠난 상태에 있을 때 인간은 하나님께 나아갈 수가 없었습니다. 이스라엘 백성들도 대제사장이 대표로 희생 제물을 드리고 나서야 하나님을 만날 수 있는 지극히 제한된 상황이었습니다. 그러나 예수님

께서 십자가 상에서 죽으시는 순간 성소의 휘장이 둘로 찢어지면서 그 길이 열리게 되었습니다. 이때부터 하나님의 자녀가 된 사람은 누구든지 하나님께 나아가 예배드리고 담대히 기도할 수 있게 되었습니다. 이 놀라운 은혜를 마음껏 누리시길 바랍니다.

이렇게 은혜 받은 삶의 특징이 무엇입니까? 바로 하나님의 영광을 바라고 즐거워하는 삶입니다. 다시 말해서 기쁨의 삶을 살게 된다는 것입니다. 이 기쁨의 특징은 어떤 환경과 상황 속에서도 흔들리지 않고 누리는 기쁨이자 환난 중에도 즐거워할 수 있는 믿음의 삶입니다. 예수 그리스도를 믿는다고 해서 문제가 올 스톱되는 것이 아니라 문제는 옵니다. 오히려 더 크게 올 수 있습니다. 그러나 그 문제를 통해서도 하나님의 은혜를 체험하며 감사하고 기쁨의 삶을 사는 것이 진정으로 구원받은 성도의 모습입니다. 환난이 올 때 기뻐할 수 있는 이유는 소망이 있기 때문입니다. 환난을 통해서 인내가 키워지고, 환난을 통해서 연단이 되고, 환난 통해서 오직 예수 그리스도만 바라보는 참 소망의 눈이 열리는 것입니다.

인내는 막연히 참는 것을 의미하지 않으며, 믿음으로 참아내는 것입니다. 그리고 연단은 헬라어로 '도키메'라고 하는데 '단단해지게 하다'라는 뜻입니다. 즉, 연단은 우리를 보다 영적으로 강하게 만드는 과정입니다. 우리에게 필요 없는 옛 체질의 불순물들이 빠져 영적인 건강에 전혀 필요 없는 군살들을 빼어버리는 것입니다. 그래서 결국 영적 연단을 통해서 우리는 하나님이 주시는 참 소망을 보고 기뻐할 수 있게 되는 것입니다.

성경에 보면 욥이 이런 연단의 대명사로 나옵니다. 동방의 가장 큰 부자였던 욥은 하루아침에 자녀와 재산을 다 잃고 자신은 발바닥에서 정수리까지 종기가 나서 질그릇 조각으로 몸을 긁지 않으면 참을 수 없을 정도로 고통을 당했습니다. 이런 욥에게 욥의 아내는 "하나님을 원망하고 죽으라"는 말을 하며 그를 떠났습니다. 그런데 욥기 23:10, 42:5를 보면 이 모든 일 가운데서도 욥은 하나님을 원망하지 않고 그 연단의 과정에서 이렇게 고백했습니다. "그러나 내가 가는 길을 그가 아시나니 그가 나를 단련하신 후에는 내가 순금같이 되어 나오리라", "내가 주께 대하여 귀로 듣기만 하였사오나 이제는 눈으로 주를 뵈옵나이다" 한마디로 연단의 과정을 통해 영적 눈이 열리게 되고, 사실적으로 하나님을 만나는 체험을 한 것입니다.

이런 연단의 과정 이후에 하나님은 욥에게 이전 모든 소유보다 갑절이나 더 주셨습니다. 욥은 140년을 더 살며 아들과 손자 4대를 보았습니다. 재미있는 것은 욥기 42:15를 보면 "모든 땅에서 욥의 딸들처럼 아리따운 여자가 없었더라"고 말씀하고 있습니다. 그렇다면 욥이 재혼으로 새롭게 맞은 아내의 미모는 과연 어떠했을까요? 지금 여러분이 어떤 상황 속에 있든지 하나님은 우리에게 이전보다 더 나은 회복의 은혜를 베푸시는 분이심을 분명히 믿으시길 바랍니다.

즐거워할 수 있는 이유

로마서 5장을 보면 즐거워한다는 표현이 반복되고 있음을 볼 수 있습니다. 2절에 "하나님의 영광을 바라고 즐거워하느니라" 3절에 "우리가 환난 중에도 즐거워하나니" 11절에 "우리 주 예수 그리스도로 말미암아 하나님 안에서 또한 즐거워하느니라"라고 되어 있습니다. 구원받은 하나님 자녀의 영적 정체성은 항상 즐거워하는 자라는 것입니다. 이 즐거움의 근원을 사도 바울은 다음 성경 말씀에서 밝히고 있습니다.

> 우리가 아직 죄인 되었을 때에 그리스도께서 우리를 위하여 죽으심으로 하나님께서 우리에 대한 자기의 사랑을 확증하셨느니라
>
> _로마서 5:8

우리가 항상 즐거워할 이유는 바로 우리를 향한 하나님 사랑의 확증에 있습니다. 하나님으로부터 사랑의 확증을 받은 사람은 즐거워할 수밖에 없습니다. 우리를 짓누르던 모든 죄와 저주로부터 구원받아서 자유하고,

이제는 보장된 하나님 나라를 바라보면서 얻는 영원한 기쁨을 지금 누리는 삶이 우리의 삶이 되어야 합니다.

'즐거워하다'는 말은 헬라어로 '카우코메타'라고 하는데 보통의 즐거움보다 더 높은 차원의 즐거움을 의미합니다. 그래서 이 말을 '자랑'이라고 번역합니다. 너무나 기뻐서 참을 수 없을 만큼 벅차고 감격스러워서 소문을 내고 자랑할 정도의 기쁨을 말합니다. 예수가 그리스도로 오셔서 인생 모든 문제를 완벽하게 해결해주셨다는 놀라운 복음의 비밀을 맛보는 사람은 즐거워할 수밖에 없습니다. 우리의 즐거움은 일시적인 즐거움이 아니라 영원한 즐거움입니다. 또한 전천후 즐거움으로 환난과 고난이 닥쳐도 즐거워하게 됩니다. 이 즐거움으로 시험을 이기고, 이 즐거움으로 헌신하는 것입니다.

찰스 스펄전 목사가 한 시골 농가를 방문한 적이 있었습니다. 그 농가 마당 한 편에 서 있는 풍향계 끝에 바람의 방향을 가리키는 화살촉이 흔들리고 있었습니다. 스펄전 목사는 그 화살촉 밑에 있는 글씨를 발견하고 가까이 가서 보았는데 이렇게 적혀 있었습니다. "하나님은 사랑이시다." 의아스럽게 생각한 스펄전 목사가 농부에게 물었습니다. "하나님의 사랑이 바람 부는 대로 바뀐다는 말인가요?" 그러자 농부가 웃으며 대답했습니다. "아닙니다. 바람이 어떤 방향으로 불든지 하나님의 사랑은 변함이 없다는 뜻입니다."

하나님의 사랑은 절대로 바뀌지 않습니다. 환난이나 고난의 바람이 분다 해도 그 사랑은 변함이 없다는 사실을 분명히 깨달으시기 바랍니다.

완벽하게 누리는 삶

헤티 그린(Hetty Green)이라는 여성 사업가는 미국 역사상 제일 지독한 구두쇠로 알려진 사람입니다. 얼마나 돈을 쓰지 않고 인색하게 살았던지 기본적으로 써야 하는 것도 사용하지 않고 살았습니다. 난방조차 하지 않았기 때문에 차가운 오트밀로 연명했습니다. 결혼을 하면서도 남편과 재산을 나눠서 관리하고 남편이 파산하면 이혼한다는 서약서를 쓸 정도였습니다. 그뿐만 아니라 아들이 다리를 다쳤는데도 무료 병원만 찾아다니다가 결국 파상풍으로 다리를 절단하게 되어 평생 장애인으로 살게 했습니다. 그러다가 결국 자신은 탈지유의 효능에 대해 언쟁하다가 갑자기 쓰러져 죽고 말았습니다.

그녀가 사망할 때 남긴 재산이 지금으로 치면 20조 원이나 되었다고 합니다. 얼마나 악착같이 돈을 모았는지 월가의 마녀라는 별명까지 생겼을 정도이고 20세기 중반까지 세계에서 가장 부유한 여성으로 이름을 남겼습니다. 그런데 헤티 그린은 평생 돈을 모으고 쌓아두는 것에만 집중했지 가지고 있는 것을 하나도 누리지 못하는 어리석은 삶을 살았습니다.

영적으로도 마찬가지입니다. 하나님의 자녀가 된 여러분에게 주어진 영적 권세는 너무나 크고 놀랍습니다. 그러나 그것을 하나도 사용하지 못하고 있다면 그것만큼 억울하고 안타까운 일이 어디에 있겠습니까? 여러분은 복음이 주는 놀라운 축복과 하나님과 화평을 누리고 즐기는 삶을 확실히 사시기 바랍니다. 그리고 그 즐거움이 너무나 커서 자랑하는 삶의 자리로 나아가시길 바랍니다. 그것이 바로 전도자의 삶입니다. 이를 통해 여러분 모두가 복음이 주는 즐거움을 완벽하게 누리는 삶을 살아가게 되시기를 예수 그리스도의 이름으로 축복합니다.

하나님의 은혜는 넘치게 임합니다!

로마서 5:12~21

12그러므로 한 사람으로 말미암아 죄가 세상에 들어오고 죄로 말미암아 사망이 들어왔나니 이와 같이 모든 사람이 죄를 지었으므로 사망이 모든 사람에게 이르렀느니라 13죄가 율법 있기 전에도 세상에 있었으나 율법이 없었을 때에는 죄를 죄로 여기지 아니하였느니라 14그러나 아담으로부터 모세까지 아담의 범죄와 같은 죄를 짓지 아니한 자들까지도 사망이 왕 노릇 하였나니 아담은 오실 자의 모형이라 15그러나 이 은사는 그 범죄와 같지 아니하니 곧 한 사람의 범죄를 인하여 많은 사람이 죽었은즉 더욱 하나님의 은혜와 또한 한 사람 예수 그리스도의 은혜로 말미암은 선물은 많은 사람에게 넘쳤느니라 16또 이 선물은 범죄한 한 사람으로 말미암은 것과 같지 아니하니 심판은 한 사람으로 말미암아 정죄에 이르렀으나 은사는 많은 범죄로 말미암아 의롭다 하심에 이름이니라 17한 사람의 범죄로 말미암아 사망이 그 한 사람을 통하여 왕 노릇 하였은즉 더욱 은혜와 의의 선물을 넘치게 받는 자들은 한 분 예수 그리스도를 통하여 생명 안에서 왕 노릇 하리로다 18그런즉 한 범죄로 많은 사람이 정죄에 이른 것 같이 한 의로운 행위로 말미암아 많은 사람이 의롭다 하심을 받아 생명에 이르렀느니라 19한 사람이 순종하지 아니함으로 많은 사람이 죄인 된 것 같이 한 사람이 순종하심으로 많은 사람이 의인이 되리라 20율법이 들어온 것은 범죄를 더하게 하려 함이라 그러나 죄가 더한 곳에 은혜가 더욱 넘쳤나니 21이는 죄가 사망 안에서 왕 노릇 한 것 같이 은혜도 또한 의로 말미암아 왕 노릇 하여 우리 주 예수 그리스도로 말미암아 영생에 이르게 하려 함이라

풍성한 은혜

영국 옥스퍼드대학 C. S. 루이스 교수는 "예수 믿는 사람에게 기쁨은 대문자로 표현할 수 있는 삶이다. 진정으로 신뢰할만한 기독교, 하나님을 영화롭게 하고 세상을 흔들어 놓는 기독교는 그 중심에 기쁨을 갖고 있다."라고 말했습니다. 영어에서 대문자는 주목하게 할 때, 강조하고 싶을 때, 중요성을 나타내고 싶을 때 사용합니다. 예수 믿는 사람이 세상에서 특별히 구분되는 특징은 예수 그리스도를 통한 기쁨입니다. 똑같이 어려움을 당하지만, 환경이나 상황을 뛰어넘어 기쁨을 누리는 삶이 하나님 자녀 된 성도와 불신자를 구분해 주는 척도가 됩니다.

앞의 성경 말씀에서 바울은 우리가 이런 즐거움을 누릴 수 있는 영적 배경에 대해서 언급하고 있습니다. 그것은 이번 챕터 제목처럼 하나님의 은혜는 넘치게 임하기 때문입니다. 하나님의 은혜는 시냇물처럼 졸졸 흐르는 것이 아닙니다. 하나님의 은혜는 마치 나이아가라 폭포수처럼 넘치고 풍성하게 임합니다. 이런 영적 실상을 깨닫지 못하면 메마른 삶을 살 수밖에 없습니다. 옛말에 "은혜는 물에 새기고 원수는 돌에 새긴다."라는 것이 있습니다. 받은 은혜는 어느새 잊어버리고, 원수만 기억하기 때문에 즐거운 삶을 살 수 없는 것입니다. 우리는 어떤 상황 속에서도 하나님의 은혜가 넘치게 임하고 있다는 사실을 놓치지 말아야 할 것입니다.

죄보다 더욱 큰 은혜

그러므로 한 사람으로 말미암아 죄가 세상에 들어오고 죄로 말미암아 사
망이 들어왔나니 이와 같이 모든 사람이 죄를 지었으므로 사망이 모든 사
람에게 이르렀느니라

_로마서 5:12

사도 바울은 인간의 삶 속에 죄와 죽음의 문제가 발생하게 된 근원적
인 출발점을 밝혔습니다. 여기서 한 사람은 최초의 인간인 아담을 가리킵
니다. '아담'이라는 말은 히브리어로 '붉은 흙', '붉은 먼지'라는 뜻입니다.
하나님께서 흙으로 아담을 만드셨기 때문에 이런 뜻의 이름이 붙었습니
다. 그리고 아담 자체가 고유 명사로 사람이라는 뜻을 가지고 있기도 합
니다. 아담이 첫 사람으로서 인류를 대표하는 존재라는 것입니다. 그런데
앞의 성경 말씀을 보면 아담 한 사람의 죄로 인해 죄가 세상에 왔고, 그
죄로 사망이 들어왔다고 말씀했습니다. 첫 사람 아담이 하나님 앞에 불
순종함으로 타락하였고 그 죗값이 우리에게 전가되었다는 것입니다. 이
것을 신학 용어로 죄의 전가라고 하고, 아담으로부터 우리에게 전가된 죄
를 원죄라고 합니다.

그리스도인의 신앙고백을 정리해 놓은 웨스터민스터 신앙고백서가 있습니다. 여기에 보면 다양한 교리적인 질문을 묻고 답하는 식으로 요약해놓은 소요리문답이 있는데, 그 가운데 16번째 문답이 원죄 부분을 다루고 있습니다. "아담이 처음 죄를 범할 때 전 인류가 타락하였습니까?"라는 질문에 대한 답변은 다음과 같습니다. "아담과 더불어 언약을 세운 것은 아담 자신을 위할 뿐만 아니라 그의 후손까지도 위한 것입니다. 그래서 그로부터 보통의 생육법으로 출생하는 모든 인류는 그가 처음 죄를 범할 때 그 안에서 범죄하였고 그와 함께 타락하였습니다." 여기서 보통의 생육법이란 남자의 씨를 받은 후손을 말합니다. 범죄한 아담의 후손, 모든 남자의 후손은 전부 다 죄 가운데 태어나게 된다는 것입니다. 이러한 원죄를 죄의 뿌리, 죄의 씨앗이라고 설명할 수 있습니다. 우리가 아담과 같은 범죄를 저지르지 않았지만 본질적으로 죄인인 것은 죄의 씨앗을 가지고 태어나기 때문입니다. 사과 씨에서 배가 열리지 못하는 것처럼 죄의 씨앗을 가진 인간에게서 죄가 없는 의인이 나올 수 없는 것입니다.

원죄는 죄의 보편성을 통해서도 알 수 있습니다. 인간이 아담의 원죄를 인정하든 인정하지 않든지 인간 스스로 가지고 있는 죄성을 부인할 수 없습니다. 아이에게서 발견되는 악의 경향은 누가 가르쳐주어서 나타나는 것이 아닙니다. 그 속에 잠재되어 있는 것이 밖으로 표출되는 것입니다. 그리고 분명한 것은 모든 사람이 자신이 죄인이라고 인정하든 인정하지 않든지 죄의 결과로 한 사람도 예외 없이 죽게 된다는 것입니다. 원죄는 아무리 부인해도 모든 사람이 가지고 있습니다. 불신자들은 이 원죄에 대해서 있는지도 모르고, 들어도 잘 수용하지 못합니다. 태어날 때부터 죄를 가지고 태어난다는 말을 얼른 들으면 이해할 수 없어서 전도를 하다 보면 왜 아담이 지은 죗값을 우리가 받아야 되냐고 반문합니다. 바울이 여기에 대해 대표성의 원리로 답을 주고 있습니다.

예를 들면 지금 러시아와 우크라이나 상황을 보면 쉽게 이해할 수 있습니다. 이런 위기가 누구 때문에 왔을까요? 러시아의 푸틴 대통령 한 사람이 어떤 선택을 하느냐에 따라 우크라이나 사람들과 러시아 사람들, 심지어 전 세계 사람들이 그 영향을 고스란히 받게 되는 것입니다. 비단 이뿐만 아니라 내가 원하지 않은 일들이, 내 의지와는 상관없이 내게 일어나는 일들이 삶에는 많이 있습니다. 코로나19 바이러스 감염 상황도 마찬가지입니다. 언제 어떻게 누구로부터 감염이 되었는지 알 수 없는 상태로 감염자가 발생합니다. 예방을 위해 백신을 맞고 주의를 해도 돌파 감염이 됩니다. 본인이 원하지도 않는데 어쩔 수 없이 전염되는 것입니다. 이처럼 첫 사람 아담의 범죄로 우리가 원하지 않더라도 실제적으로 우리에게 영향을 미친 것입니다.

그런데 중요한 것은 사람들이 이런 원죄를 가지고 태어나는 것에 대해

불공평하다고 불평하는 것에만 초점을 맞추고 있지 거기에서 빠져나오는 해결책이 있다는 사실에 대해서는 관심을 갖지 않습니다. 대표성의 원리는 원죄 교리에만 적용되는 것이 아니라 죄와 저주의 굴레로부터 인간을 해방시키는 것에도 동일하게 적용이 되는 것입니다.

죄가 율법 있기 전에도 세상에 있었으나 율법이 없었을 때에는 죄를 죄로 여기지 아니하였느니라 그러나 아담으로부터 모세까지 아담의 범죄와 같은 죄를 짓지 아니한 자들까지도 사망이 왕 노릇 하였나니 아담은 오실 자의 모형이라 그러나 이 은사는 그 범죄와 같지 아니하니 곧 한 사람의 범죄를 인하여 많은 사람이 죽었은즉 더욱 하나님의 은혜와 또한 한 사람 예수 그리스도의 은혜로 말미암은 선물은 많은 사람에게 넘쳤느니라 _로마서 5:13~15

로마서는 일차적으로 로마에 있는 유대교 배경을 가진 성도들에게 보내는 서신이기 때문에 사도 바울은 율법을 비유로 들면서 쉽게 설명했습니다. 죄가 율법이 있기 전에 이미 있었던 것이고, 율법의 기능은 그 죄를 죄로 알게 만드는 역할을 한다는 것입니다. 마치 캄캄한 밤에는 먼지가 보이지 않지만, 아침에 햇빛이 들어올 때 창문을 열면 먼지가 그렇게 많이 보일 수가 없습니다. 없던 먼지가 생긴 것이 아니라 있던 먼지가 드러난 것일 뿐입니다. 율법이 바로 이런 기능을 한 것입니다.

그렇다면 인간은 죄의 문제를 지닌 채 고통 가운데 살다가 영원히 멸망 받을 수밖에 없는 존재로 끝나야 할까요? 전혀 그렇지 않습니다. 하나님께서 열어주신 구원의 길이 창세기 3:15입니다. 범죄한 남자의 후손이 아니라 성령으로 잉태되어 여자의 후손으로 오실 예수 그리스도가 바로 그 길입니다. 로마서 5:14 마지막 부분을 보면 "아담은 오실 자의 모형이라"는 말씀이 나옵니다. 여기서 '오실 자'가 예수 그리스도이며, '모형'은 예표라는 말입니다. 즉 아담과 같이 예수님께서도 인류의 대표로 오신다는 것입니다.

아담 한 사람으로 인해 모든 사람이 사망에 이르게 되었지만, 하나님께서 그것을 그대로 두지 아니하시고 인류를 구원하시기로 작정하셨고, 대표성의 원리에 따라 한 사람을 준비하셨는데 그분이 바로 예수 그리스도이십니다. 완전 하나님이시고 완전한 인간인, 신성과 인성을 동시에 갖추신 분만이 인류를 구원할 수 있습니다. 한 사람만을 위한 것이 아니라 인류 전체를 위한 것이기 때문에 하나님이셔야만 하고 죄인 된 인간을 대신해야 했기 때문에 죄가 없는 인간, 여자의 후손으로 오신 것입니다.

사도 바울은 앞의 성경 말씀을 통해 아담이 범죄한 부분에 초점을 맞춘 것이 아니라 죄에 빠진 우리에게 살리는 길이 열렸다는 사실을 강조했습니다. 죄보다 하나님의 은혜가 더욱 크다는 것입니다. 범죄에 대한 정죄가 아니라 죄와 저주의 사슬을 완전히 끊어내는 예수 그리스도의 유일성, 그 놀라운 은혜에 바울은 초점을 맞추고 있습니다. 특히 로마서 5:19에 보면 이런 은혜의 핵심이 예수 그리스도의 말씀 순종에 있었다는 사실을 강조했습니다. "한 사람이 순종하지 아니함으로 많은 사람이 죄인 된 것같이 한 사람이 순종하심으로 많은 사람이 의인이 되리라" 말씀에 대한 절대 순종은 절대 은혜를 체험하게 하는 것입니다.

"행동은 말보다 더 크게 말한다."라는 서양의 격언이 있습니다. 백 마디 말보다 한 번의 순종이 여러분을 변화시키고, 여러분의 변화된 삶을 통해 다른 사람이 하나님의 놀라운 은혜를 체험하게 된다는 사실을 분명히 기억하시기 바랍니다.

더욱 넘치는 은혜

사도 바울은 한 사람 아담의 불순종으로 인해 모든 사람이 죄인이 되어 사망에 이르게 되었지만, 또 한 사람 예수 그리스도를 통해 의인이 되는 영생의 길을 열어주신 것을 두고 은혜, 은사, 선물이라는 표현을 써서 하나님의 은혜를 강조했습니다. 로마서 5:12~21에 이 용어가 열 번이나 사용되었습니다. 죄인 된 인간을 향해 베풀어주시는 하나님의 사랑, 그 사랑을 받을 자격이 전혀 없는 상황임에도 불구하고, 하나님께서 베풀어주신 한없는 사랑이 바로 은혜입니다.

　로마서 5장에서 바울은 하나님의 은혜는 더욱 넘치도록 주시는 특징이 있다고 반복적으로 밝히고 있습니다. 15절을 보면 "더욱 하나님의 은혜와 또한 한 사람 예수 그리스도의 은혜로 말미암은 선물은 많은 사람에게 넘쳤느니라" 17절에는 "더욱 은혜와 의의 선물을 넘치게 받는 자들은 한 분 예수 그리스도를 통하여 생명 안에서 왕 노릇 하리로다" 20절에도 보면 "죄가 더한 곳에 은혜가 더욱 넘쳤나니"라고 말합니다. 하나님의 은혜의 특징은 넘치는 것인데, 측량할 수 없도록 풍성하다는 것입니다.

　비단 이 말씀뿐 아니라 성경은 하나님의 은혜에 대해서 더욱 넘친다는 사실을 강조합니다. 요한복음 1:14에 보면 예수 그리스도는 "은혜와 진리가 충만"하신 분이라고 말하고 있으며, 요한복음 1:16에서는 이런 충만을 우리가 받은 것을 가리켜 "은혜 위에 은혜"라고 표현하고 있습니다. 은혜 위에 은혜라는 말은 은혜가 더욱 넘치고 넘친다는 것입니다. 에베소서 2:7에도 하나님의 "은혜의 지극히 풍성"함을 이야기하고 있으며, 에베소서 3:20에는 "우리가 구하거나 생각하는 모든 것에 더 넘치도록 능히 하실 이"가 바로 하나님이심을 강조하고 있습니다.

그래서 우리는 죄가 왕 노릇 하는 옛 틀에서 완전히 벗어나 하나님의 은혜가 왕 노릇 하는 새 틀 인생을 살아야 합니다. 죄가 왕 노릇을 하면 사는 것이 계속 괴롭고, 죄책감에 사로잡히고, 갈등이 많이 생겨서 한 발자국도 앞으로 나아갈 수가 없습니다. 예수님께서 십자가 상에서 모든 죄 문제를 완전히 끝내시고, 부활을 통해 완전 자유함을 확증하셨습니다. 우리는 이 복음이 주는 놀라운 은혜 속에서 완전 누림의 삶을 살아야 하는 것입니다.

마틴 루터가 성경을 번역하고, 종교개혁을 할 때 사탄이 이렇게 자꾸 정죄했다고 합니다. "너 같은 게 어떻게 종교개혁을 하겠냐? 너는 이런 죄, 저런 죄가 있는데."라고 하면서 정죄 의식을 심어주었다는 것입니다. 그때 마틴 루터의 대응법은 '그럼에도 불구하고(Nevertheless)의 믿음'이었습니다. 나는 죄인입니다. 그럼에도 불구하고 주님은 나를 사랑하십니다. 나는 허물이 많습니다. 그럼에도 불구하고 주님이 나를 쓰시고 계십니다. 죄의 넓이는 은혜의 넓이를 따라올 수가 없습니다. 하나님의 은혜는 넘치도록 풍성하다는 사실을 늘 깨달으시기 바랍니다.

하나님의 절대 은혜

미국에 라이언 화이트(Ryan White)라는 소년이 있었습니다. 13살 때 혈우병을 앓아서 수술을 받는데 수혈이 잘못되어 그만 후천성면역결핍증(AIDS)에 걸렸습니다. 속수무책으로 죽음을 기다릴 수밖에 없었습니다. 그러나 라이언은 자신이 죽는다는 것을 알면서도 부모도, 형제도 특히 의사도 원망하지 않았습니다. 모두에게 친절하게 대하면서 항상 웃음을 보였고, 오히려 염려하는 부모를 위로하며 즐겁게 지냈습니다. 이런 사실이 방송 매체를 통해 미국 전역에 전해지게 되었고 사람들은 마음에 큰 감동을 받았습니다. 전 국민이 라이언을 위해 기도했고, 유명인사들이 라이언을 찾아와서 위로와 힘을 주었습니다. 하지만 라이언 화이트는 안타깝게도 5년을 더 산 뒤 18세에 죽었습니다.

그런데 그가 마지막으로 아버지와 나눈 대화가 사람들을 더욱 크게 감동시켰습니다. 아버지가 죽어가는 라이언에게 말했습니다. "아들아 미안하다. 아무것도 너에게 해 준 것이 없구나. 아빠가 어떤 선물도 줄 수 없음을 용서해다오." 그러자 라이언이 대답했습니다. "아니에요. 어떤 사람도 아빠가 준 선물을 주지 못했어요. 아빠는 천국 열쇠를 선물을 주셨어요.

예수님을 소개해 주셨고, 예수님을 믿게 해 주셨고, 영생까지 얻게 해 주셨어요. 이보다 위대한 선물이 어디 있어요? 감사해요. 아빠 사랑해요." 죽는 순간까지 예수 그리스도를 통해 주어진 영생의 축복 그 은혜 속에 거하고 있는 모습을 보여 준 것입니다.

하나님의 넘치는 은혜 가운데 있는 사람은 죽음도 초월하게 됩니다. 하나님의 은혜가 흘러넘치면 모든 염려, 근심, 걱정, 불안, 초조가 씻은 듯이 사라지게 되어 있습니다. 하나님께서 위에서 주시는 Heavenly Power를 24시 누리는 삶은 다른 것입니다. 여러분 모두가 세상이 주는 것과는 차원이 다른 놀라운 하나님의 절대 은혜를 체험하게 되시기를 예수 그리스도의 이름으로 축복합니다.

영적 품격이 있는 삶

로마서 6:12~18

12그러므로 너희는 죄가 너희 죽을 몸을 지배하지 못하게
하여 몸의 사욕에 순종하지 말고 13또한 너희 지체를 불의의
무기로 죄에게 내주지 말고 오직 너희 자신을 죽은 자 가운데서
다시 살아난 자 같이 하나님께 드리며 너희 지체를 의의 무기로
하나님께 드리라 14죄가 너희를 주장하지 못하리니 이는 너희가
법 아래에 있지 아니하고 은혜 아래에 있음이라
15그런즉 어찌하리요 우리가 법 아래에 있지 아니하고 은혜
아래에 있으니 죄를 지으리요 그럴 수 없느니라 16너희 자신을
종으로 내주어 누구에게 순종하든지 그 순종함을 받는 자의
종이 되는 줄을 너희가 알지 못하느냐 혹은 죄의 종으로 사망에
이르고 혹은 순종의 종으로 의에 이르느니라
17하나님께 감사하리로다 너희가 본래 죄의 종이더니 너희에게
전하여 준 바 교훈의 본을 마음으로 순종하여 18죄로부터
해방되어 의에게 종이 되었느니라

복음적 신앙생활

신앙생활을 하면서 영적으로 안타까움 속에 있는 성도들이 있습니다. 예수 그리스도를 통해 보여준 놀라운 하나님의 사랑, 하나님의 은혜가 넘치게 임하는데도 그것을 누리지 못하고 세상 풍파에 이리 치이고 저리 치이고 하는 성도들이 너무 많습니다. 이는 마치 이스라엘 백성들이 출애굽하고, 홍해가 갈라지는 기적을 체험하고도 문제와 사건만 일어나면 원망과 불평을 쏟아내며 불신앙의 삶을 반복했던 것과 마찬가지의 것입니다.

사실 이스라엘 백성들은 광야 40년 동안에 만나와 메추라기로 먹이시는 하나님의 기적을 날마다 체험했습니다. 우리가 아주 단순하게 생각하더라도 이런 기적이 어디에 있습니까? 매일매일 감사가 넘치는 삶을 살아야 하는 것이 지극히 당연한데 그렇지 않았습니다. 영적인 품격과는 거리가 멀어도 한참 먼 삶을 산 것입니다. 이것을 가리켜 종교 생활이라고 합니다. 종교 생활의 핵심은 하나님 중심이 아니라 창세기 3장의 나 중심입니다. 그러니 언제나 창세기 6장의 물질 중심, 창세기 11장의 세상 성공 중심으로만 흘러가게 됩니다. 내가 마음먹은 대로, 내가 원하는 대로 이루어지지 않으면 원망과 불평을 할 수밖에 없는 구조입니다. 우리는 이런 옛 틀을 완전히 깨야 하며 3오직으로 새로운 각인, 뿌리, 체질화되는 새 틀 인생을 살아야 합니다.

　사도 바울은 로마서 5장까지 모든 인류가 죄인이라는 사실과 여기에서 해방받는 유일한 길에 대해서 다양한 각도로 설명해왔습니다. 한 사람 아담의 범죄로 인해 모든 인류가 영원한 멸망 길로 갈 수밖에 없었지만, 또 한 사람 예수 그리스도로 말미암아 이 모든 저주에서 해방되어 영생에 이르는 축복을 받게 된 것입니다. 이런 하나님의 넘치는 은혜를 사실적으로 체험하고 누리는 것이 성경적 신앙생활 즉 복음적 신앙생활입니다.

　사도 바울은 로마서 6장부터는 이렇게 예수 그리스도를 통해 변화된 신분에 걸맞은 삶의 모습을 갖추어야 한다는 사실을 강조했습니다. 한마디로 영적 품격이 있는 삶을 살아야 한다는 것입니다. 신학적으로 표현하면 사도 바울이 성화의 삶에 대해 언급한 것입니다. 많은 사람들이 성화에 대해 문자적으로만 해석해서 오해하는 경우가 많습니다. 거룩하게 변화되는 것을 성화라고 하는데 성경 속의 거룩에 대한 의미를 도덕적, 윤리적 기준의 일반적인 의미로 오해합니다. 본질적으로 하나님 앞에서의 거룩은 하나님의 뜻과 계획에 방향을 온전히 맞추어 살아가는 것입니다. 쉽게 말하면 하나님이 원하시는 삶이 무엇인지 깨닫고 거기에 방향을 맞춰 살아가는 것입니다.　사도 바울은 이런 삶을 살기 위해 우리가 어떤 영적 정체성을 가지고 있어야 하는지 로마서 6장의 말씀을 통해 사실적으로 제시하고 있습니다. 이 말씀을 통해 우리는 변화된 신분에 걸맞은 정체성을 분명히 가지고 영적으로 품격 있는 삶, 영적 영향력을 입히는 삶의 자리로 나아가야 할 것입니다.

의의 무기

그러므로 너희는 죄가 너희 죽을 몸을 지배하지 못하게 하여 몸의 사욕
에 순종하지 말고 또한 너희 지체를 불의의 무기로 죄에게 내주지 말고
오직 너희 자신을 죽은 자 가운데서 다시 살아난 자 같이
하나님께 드리며 너희 지체를 의의 무기로 하나님께 드리라

_로마서 6:12~13

사도 바울은 로마서 6장을 시작하면서 무엇보다 우리가 예수 그리스도의 십자가 대속과 부활을 통해 새로운 피조물 된 존재로 더 이상 죄의 지배를 받는 생활을 계속해서는 안 된다는 사실을 강조했습니다. 우리는 이미 근원적으로 구원을 받은 존재이고, 사실은 죄와 상관없는 존재입니다.

로마서 6:6~7을 보면 이 사실을 밝히고 있습니다. "우리가 알거니와 우리의 옛 사람이 예수와 함께 십자가에 못 박힌 것은 죄의 몸이 죽어 다시는 우리가 죄에게 종 노릇 하지 아니하려 함이니 이는 죽은 자가 죄에서

벗어나 의롭다 하심을 얻었음이라" 이미 끝났다는 것입니다. 그런데 놓치지 말아야 할 것은 우리를 미혹하는 존재가 있다는 사실입니다. 우리가 육신의 옷을 입고 이 땅에 사는 동안에는 사탄이라고 하는 영적 존재가 우리를 계속해서 공격합니다. 예수 그리스도께서 재림하실 때까지는 24시 우는 사자와 같이 두루 다니며 삼킬 자를 찾고 있습니다. 사탄은 어떻게 해서든 우리를 미혹해서 하나님 자녀 된 신분과 권세와 우리에게 주어진 영적인 축복을 누리지 못하도록 공격을 하는 것입니다.

인간의 구원과 의롭다 하심을 얻게 된 것은 어떤 인간의 노력, 행위가 아니라 전적인 하나님의 은혜요 선물입니다. 에베소서 2:8~9를 보면 "너희는 그 은혜에 의하여 믿음으로 말미암아 구원을 받았으니 이것은 너희에게서 난 것이 아니요 하나님의 선물이라 행위에서 난 것이 아니니 이는 누구든지 자랑하지 못하게 함이라"라고 사도 바울이 확실히 못을 박았습니다.

우리가 정말 잘 보아야 할 것이 사탄은 이렇게 교묘하게 속인다는 것입니다. 세계적인 신학자가 이야기했다고 해서 그것이 정답입니까? 전혀 그렇지 않습니다. 우리는 성경에 기록된 그대로 믿어야 합니다. 오직 성경(Sola Sciptura), 오직 믿음(Sola Fide)입니다. 사탄은 어떻게 해서든 우리가 의의 무기가 되어 영적 영향력을 입히는 자리로 나아가지 못하게 합니다. 그 핵심 중 하나가 구원에 대한 부분을 흔들어 놓는 것입니다. 우리에게 정죄 의식을 심어주어서 구원에 대한 확신을 갖지 못하도록 합니다.

그래서 사도 바울은 에베소서 6장에서 하나님의 전신 갑주로 영적 무장을 해야 한다고 강조하면서 머리에는 구원의 투구를 쓰고, 가슴에는 의의 호심경을 붙이라고 했습니다. 정죄 의식이 우리 안에 들어오게 되면 갈등하고 낙심하고 영적 전진을 하지 못하게 됩니다. 우리 몸에서 가장 중요한 머리와 심장에 치명상을 입으면 회복되기 힘듭니다. 영적으로도 구원에 대한 확신, 죄로부터 완전히 해방된 존재라는 사실을 놓치는 순간 영적 무력감 속에 빠지게 됩니다. 그래서 사도 바울은 로마서 6:13에서 우리를 더 이상 불의의 무기로 죄에게 내주지 말고 예수 그리스도께서 본을 보여주신 것처럼 하나님 앞에 의의 무기로 드리라고 강조했습니다. 더 이상 죄에게 당하지 말고 영적 싸움을 싸우라는 것입니다.

그렇다면 영적 싸움을 어떻게 하는 것입니까? 영적 싸움의 핵심은 다른 데 있는 것이 아닙니다. 영적 싸움은 오직과 집중의 싸움입니다. 내가 얼마나 오직 그리스도를 바라보고 집중하느냐에 따라 승패가 갈라집니다. 오직 그리스도만 바라보고 오직 하나님 나라에 집중하고 오직 성령 충만해야 합니다. 오직과 집중의 영적 자세를 가지고 하나님 나라를 확장해 나가는 의의 무기가 되어야 하는 것입니다.

의의 종

그런즉 어찌하리요 우리가 법 아래에 있지 아니하고 은혜 아래에
있으니 죄를 지으리요 그럴 수 없느니라 너희 자신을 종으로 내주어 누구
에게 순종하든지 그 순종함을 받는 자의 종이 되는 줄을
너희가 알지 못하느냐 혹은 죄의 종으로 사망에 이르고 혹은 순종의
종으로 의에 이르느니라 _로마서 6:15~16

바울은 하나님의 자녀가 영적으로 품격 있는 삶을 살기 위해 가지고 있어야 할 또 하나의 변화된 신분 의식이 의의 종이라는 것을 밝히고 있습니다. 종이라는 말에는 따를 대상이 있다는 의미가 담겨 있습니다. 그래서 종이라는 말은 홀로 사용하지 않고, 누구누구의 종이라는 표현을 씁니다. 사도 바울은 서신서를 쓰면서 문안 인사할 때 자신이 '예수 그리스도의 종'이라는 표현을 사용해서 시작합니다. 자신은 예수 그리스도에게 속했고 예수 그리스도를 따르는 종이라는 것입니다. 그래서 내가 누구인지 자신의 정체성을 알기 위해서는 내가 누구를 따르는지를 살펴보면 바로 답이 나오게 됩니다.

사도 바울이 종이라는 표현을 사용한 것은 로마서의 일차 수신자인 로마교회 성도들에게 영적 진리를 쉽게 설명하기 위함입니다. 당시 로마는 수많은 나라들을 정복했고, 정복한 민족들을 노예로 삼았기 때문에 노

예가 많았습니다. 당시 노예들은 사람 취급도 받지 못했지만, 한 가지 독특한 것은 주인의 선택에 따라 그 신분이 바뀔 수도 있었습니다. 주인의 양자가 되어 재산까지도 물려받을 수 있을 정도로 신분 변화가 가능했던 것입니다. 바울은 우리의 삶이 어떤 주인을 만나느냐에 따라 크게 좌우된다는 것을 강조하면서 이제는 더 이상 마귀의 지배를 받는 죄의 종이 아니라 하나님의 지배를 받는 의의 종으로서의 삶을 살아야 함을 알아듣기 쉽게 설명했습니다.

하나님께 감사하리로다 너희가 본래 죄의 종이더니 너희에게 전하여
준 바 교훈의 본을 마음으로 순종하여 죄로부터 해방되어 의에게
종이 되었느니라 _로마서 6:17~18

사도 바울은 우리가 죄의 종이었던 상태에서 해방되어 의에게 종이 되었다고 말을 하면서 그렇게 된 이유가 교훈의 본을 마음으로 순종한 것에 있음을 밝혔습니다. 여기서 말씀하고 있는 교훈의 본은 하나님의 말씀을 의미합니다. 특히 하나님의 말씀인 복음을 마음속에 받아들임으로써 변화가 되었다는 것입니다. 이 내용을 통해 의의 종으로서의 삶은 다른 것이 아니라 하나님의 말씀을 마음으로 순종하는 것임을 보여주고 있습니다. 말씀 중심의 삶, 말씀이 이끄는 언약적 삶을 사는 것이 의의 종으로서의 참모습입니다.

야고보 4:7에 보면 "마귀를 대적하라 그리하면 너희를 피하리라"고 말씀하고 있습니다. 어떻게 마귀를 대적할 수 있을까요? 마귀는 하나님의 말씀으로 대적하는 것입니다. 마태복음 4장에 보면 예수님도 마귀의 유혹을 하나님의 말씀을 가지고 다 물리쳤습니다. 사도 바울이 언급한 하나님의 전신 갑주 부분도 하나님의 말씀과 연결되어 있습니다. 진리의 허리띠, 평안의 복음의 신, 믿음의 방패, 성령의 검 곧 하나님의 말씀입니다. 특히 하나님의 말씀은 우리를 지키는 갑주인 동시에 유일한 공격무기라는 사실을 볼 수 있어야 합니다. 우리가 사탄과의 영적 싸움에 승리할 수 있는 것은 하나님의 말씀밖에 없습니다.

오스왈드 챔버스 목사는 "우리가 하나님의 말씀을 사용할 때 어떤 일이 일어나는지 체험한다면 그분의 말씀을 좀 더 자주 사용할 것이다."라고 말했습니다. 여러분이 한 주간 강단 말씀을 얼마나 붙잡고 사느냐에 따라 그 삶이 천양지차로 달라지게 되어 있습니다. 말씀 속에서 언약을 붙잡고 사탄의 어떤 공격도 다 무력화시키는 참된 승리의 삶을 사시기 바랍니다.

선두에 서는 삶

전 세계 최고의 명문 고등학교를 꼽으라면 항상 등장하는 학교가 영국의 이튼 칼리지(Eton College)입니다. 영국 왕실의 왕자들이 이 학교에 다니고, 지금까지 20명의 영국 총리를 배출한 학교입니다. 이 학교의 교훈을 보면 아주 독특합니다. "남의 약점을 이용하지 마라, 비굴하지 않은 사람이 돼라, 약자를 깔보지 마라, 항상 상대방을 배려하라, 잘난 체하지 마라, 다만 공적 일에는 용기 있게 나서라."입니다.

한마디로 자신의 신분에 걸맞은 삶, 즉 노블레스 오블리주(noblesse oblige)의 삶을 살라는 말입니다. 국가가 어려울 때 제일 먼저 달려가 선두에 설 줄 아는 사람을 키우려는 것입니다. 그래서 영국 왕자들은 대대로 군에 복무하고 실제 전쟁이 일어나면 생명 걸고 참전했습니다. 이 학교 출신들은 입학할 때부터 자신이 나라를 이끌어갈 사람이라는 생각을 갖고 있다고 합니다. 그러니 그들의 삶 자체가 달라지는 것입니다.

영적으로 우리가 이런 의식을 가지고 있어야 합니다. 하나님이 특별히 우리에게 복음의 참 진리를 깨닫게 하신 이유가 어디 있습니까? 하나님의 나라를 확장해 나가는데 선두에 서라는 것입니다. 그러므로 우리는 어떠한 상황 속에서도 의의 무기, 의의 종으로서의 의의 열매를 맺는 자리로 나아가야 합니다. 여러분 모두가 이렇게 영적으로 품격 있는 삶을 살게 되시기를 예수 그리스도의 이름으로 축복합니다.

누리라고 주신 복음!

로마서 8:1~11

[1]그러므로 이제 그리스도 예수 안에 있는 자에게는 결코 정죄함이 없나니 [2]이는 그리스도 예수 안에 있는 생명의 성령의 법이 죄와 사망의 법에서 너를 해방하였음이라 [3]율법이 육신으로 말미암아 연약하여 할 수 없는 그것을 하나님은 하시나니 곧 죄로 말미암아 자기 아들을 죄 있는 육신의 모양으로 보내어 육신에 죄를 정하사 [4]육신을 따르지 않고 그 영을 따라 행하는 우리에게 율법의 요구가 이루어지게 하려 하심이니라

[5]육신을 따르는 자는 육신의 일을, 영을 따르는 자는 영의 일을 생각하나니 [6]육신의 생각은 사망이요 영의 생각은 생명과 평안이니라 [7]육신의 생각은 하나님과 원수가 되나니 이는 하나님의 법에 굴복하지 아니할 뿐 아니라 할 수도 없음이라 [8]육신에 있는 자들은 하나님을 기쁘시게 할 수 없느니라 [9]만일 너희 속에 하나님의 영이 거하시면 너희가 육신에 있지 아니하고 영에 있나니 누구든지 그리스도의 영이 없으면 그리스도의 사람이 아니라 [10]또 그리스도께서 너희 안에 계시면 몸은 죄로 말미암아 죽은 것이나 영은 의로 말미암아 살아 있는 것이니라 [11]예수를 죽은 자 가운데서 살리신 이의 영이 너희 안에 거하시면 그리스도 예수를 죽은 자 가운데서 살리신 이가 너희 안에 거하시는 그의 영으로 말미암아 너희 죽을 몸도 살리시리라

놀라운 복음의 축복

하나님께서는 우리에게 예수 그리스도의 복음을 주셨습니다. 우리는 이 복음을 누리는 삶을 살아야 합니다. 사도 바울은 로마서 8장을 시작하면서 이런 절대 누림의 삶으로 들어갈 수 있는 영적 근거를 아주 명확하고 단호하게 선포했습니다.

그러므로 이제 그리스도 예수 안에 있는 자에게는 결코 정죄함이 없나니 이는 그리스도 예수 안에 있는 생명의 성령의 법이 죄와 사망의 법에서 너를 해방하였음이라 _로마서 8:1~2

이 성경 말씀은 언제 들어도 우리의 마음을 시원하게 해 주는 영적 해방 선언입니다. 이는 더 이상 죄와 사망이 우리를 주장할 수 없다는 것을 말하고 있습니다. 이런 놀라운 복음의 축복을 담고 있는 로마서 8장 말씀의 중요성은 아무리 강조해도 지나치지 않습니다. 그래서 말씀 중심의 삶을 강조했던 신학자 필립 스페너는 이 로마서 8장을 이렇게 묘사했습니다.

"성경을 한 개의 반지로 본다면 로마서는 보석이요, 그중에서도 로마서 8장은 유난히 반짝이는 부분에 해당한다."

어떤 성경학자는 "성경이 다 불타서 없어진다 해도 로마서 8장만 있으면 구원받을 수 있을 것"이라고 주장하기도 했습니다. 그정도로 로마서 8장은 복음의 핵심을 담고 있는 말씀입니다. 그런데 이 말씀이 여러분의 삶 속에 얼마나 적용이 되고 있습니까? 여러분은 얼마나 참 자유함을 누리고 사십니까?

우리는 하나님의 말씀을 아는 수준에 머물러서는 안 됩니다. 그 말씀이 각인, 뿌리, 체질화되어 오직과 집중이 되어야 합니다. 오직 그리스도, 오직 하나님 나라, 오직 성령 충만한 삶을 통해 Heavenly Power, 보좌의 축복을 누릴 때 영적 영향력을 입히는 삶을 살 수 있는 것입니다. 그것이 내게 주신 Heavenly Talent를 가지고 237 나라 5천 종족 살리는 Heavenly Mission을 실현하는 삶입니다. 이를 통해 여러분 모두가 복음을 누릴 수 있는 영적 배경을 사실적으로 깨닫고 절대 누림의 응답을 체험하는 증거가 있게 되기를 바랍니다.

법적 해방

그러므로 이제 그리스도 예수 안에 있는 자에게는 결코 정죄함이 없나니 이는 그리스도 예수 안에 있는 생명의 성령의 법이 죄와 사망의 법에서

 이 말씀은 로마서의 정점에 서 있는 말씀이자, 언제나 우리에게 뭔가 막혀있는 것을 뻥 뚫어주는 영적 통쾌함을 주는 말씀입니다. 앞의 성경 말씀을 보면 '그러므로'라는 접속사로 영적 해방 선언을 시작하고 있습니다. 이는 이전에 있었던 모든 문제로부터의 완전 해방을 강조하는 표현입니다. 인간을 옥죄는 가장 큰 문제는 창세기 3장 사건으로 인해 발생한 죄 문제입니다. 하나님 말씀에 불순종한 첫 사람 아담의 범죄가 모든 인간에게 영향을 미쳤습니다. 그래서 이 땅에 태어나는 모든 인간은 한 사람도 예외 없이 근원적으로 죄인 된 존재, 하나님 떠나 죄와 저주 가운데 사탄 종노릇 하며 살다가 영원한 멸망 길로 갈 수밖에 없는 존재로 태어나게 되었습니다.

 이런 죄 문제는 범죄한 인간 스스로는 절대 해결할 수 없습니다. 그래서 누군가 그 죄의 굴레를 벗겨내 주어야 합니다. 그분이 바로 예수 그리스도입니다. 그래서 바울은 인간이 죄인임에도 불구하고 하나님께 인생 모든 문제 해결자 되시는 예수 그리스도를 보내주셨기 때문에 그 어떤 율법적 정죄로부터 자유함을 얻고 참된 해방의 삶을 살 수 있다고 강조하는 것입니다.

바울은 "그리스도 예수 안에 있는 자에게는 결코 정죄함이 없나니"라고 말하고 있습니다. '그리스도 예수 안에 있는 자'는 '예수 그리스도를 인생의 주인으로 모셔 들인 자'를 말합니다. 이런 사람은 과거에 어떤 삶을 살았든 상관없이 그 누구로부터도 정죄함을 받지 않습니다.

그 이유에 대해 바울은 "그리스도 예수 안에 있는 생명의 성령의 법이 죄와 사망의 법에서 우리를 완전히 해방시켜 주었기 때문"이라고 설명했습니다. 과거에는 우리가 죄와 사망의 법의 지배를 받았지만, 이제는 생명의 성령의 법의 지배를 받게 되었습니다. 하나님께서 죄로부터 완전 자유함을 얻게 하는 상위법을 만드셨는데 그것이 생명의 성령의 법입니다. 죄와 사망의 법은 하위법에 불과하고, 더 이상 영향력을 행사할 수 없는 무용지물이 된 것입니다.

사도 바울이 법이라는 딱딱한 표현을 사용하면서까지 설명을 하는 것은 그만큼 변치 않고 확정된 축복이라는 의미입니다. 영적으로 여러분은 더 이상 우리를 힘들게 하는 죄와 사망의 법이 아니라 참 자유를 주는 생명의 성령의 법 아래 있다는 사실을 놓치지 말고 더는 과거에 매여 있지 마시기를 바랍니다.

육신을 따르는 자는 육신의 일을, 영을 따르는 자는 영의 일을 생각

하나니 육신의 생각은 사망이요 영의 생각은 생명과 평안이니라

_로마서 8:5~6

사도 바울은 예수 그리스도를 통해 완벽한 영적 해방의 축복을 받은 자가 어떠한 삶을 살아야 하는지를 보여주고 있습니다. 한마디로 하나님 영의 사람, 다시 말해서 성령의 사람이 되어, 성령 인도를 받는 삶을 살아야한다는 것입니다. 이 내용을 사도 바울이 11절까지 계속 반복하면서 강조하고 있는데 이렇게 성령을 따르는 삶을 살아야 한다는 사실을 강조하는 이유가 있습니다.

비록 우리가 예수 그리스도를 통해 완전 해방의 축복을 받았지만, 이 축복을 사실적으로 누리지 못하도록 방해하며 우리를 미혹하는 영적 존재가 있기 때문입니다. 바로 사탄이라고도 하고 마귀라고도 불리는 우리의 대적자가 우는 사자와 같이 두루 다니며 삼킬 자를 찾고 있다는 사실을 우리가 깨달아야 합니다.

사탄은 알고 보면 그저 종이호랑이에 불과한 존재이지만, 우리를 속이는 기술이 탁월한 영적 존재이기 때문에 쉬는 것도 없이 24시간 풀가동을 합니다. 24시간 우리를 미혹해서 예수 그리스도를 통해 주어진 영적 축복들을 다 놓치게 만드는 것입니다. 그래서 우리는 24시 성령 인도받

는 삶을 살아야 합니다.

그렇다면 어떻게 해야 성령의 인도를 받는 삶을 살 수 있을까요? 이것은 성령이 어떠한 영인지를 보면 알 수 있습니다. 요한복음 14:17, 요한복음 15:26, 요한복음 16:13을 보면 반복해서 성령이 진리의 영이라는 사실을 강조하고 있습니다.

성령은 우리로 하여금 하나님의 말씀을 깨닫고 그 말씀에 순종하게 인도하시는 영입니다. 그래서 성령 인도는 말씀 인도이고, 성령 충만은 말씀 충만입니다. 그래서 무엇보다 중요한 것이 강단과 Oneness를 이루는 것입니다. 하나님께서 강단을 통해서 시대적 응답의 시간표를 주시기 때문입니다. 이렇게 강단에서 주어지는 말씀을 따라 인도를 받게 되면 생명이 살아나고 참 평안이 넘치는 삶을 살게 됩니다.

육신의 생각은 사망이요 영의 생각은 생명과 평안이니라
_로마서 8:6

주는 영이시니 주의 영이 계신 곳에는 자유가 있느니라
_고린도후서 3:17

주의 영이 함께 하는 With, Immanuel, Oneness의 삶을 살 때 참 평

안, 참 기쁨, 참 감사, 참 행복, 참 자유를 누릴 수 있습니다. 유명한 강해 설교가 마틴 로이드 존스 목사가 로마서 8장에 대해 이런 말을 했습니다.

"나는 로마서 8장의 주제가 그리스도인의 성화에 대하여 말하려는 것이 아니라 그리스도인의 안전(Security)에 대하여 말하는 것이라고 담대하게 말하고 싶다."

그렇습니다. 죄로부터 완전히 법적으로 해방된 우리에게는 영원한 생명에 대한 안전 보장 장치가 완벽하게 되어 있는 것입니다. 이렇게 완벽하게 보장된 미래를 바라보며 누리는 삶을 사는 것이 성경적 신앙생활입니다. 여러분 모두가 이런 법적 해방의 축복을 누리며 참된 누림의 신앙생활을 하는 성도가 되시기를 바랍니다.

법적 권세

무릇 하나님의 영으로 인도함을 받는 사람은 곧 하나님의 아들이라
너희는 다시 무서워하는 종의 영을 받지 아니하고 양자의 영을
받았으므로 우리가 아빠 아버지라고 부르짖느니라
_로마서 8:14~15

사도 바울은 우리가 법적으로 해방받는 존재라는 사실을 강조한 이후에 우리에게 주어진 법적 권세에 대해 설명했습니다. 우선 사도 바울은 우리가 종의 영이 아니라 양자의 영을 받은 존재라는 사실을 강조했습니다. 양자라는 말은 법적으로 자녀 삼았다는 말입니다. 이 양자가 우리나라에서는 그다지 환영받는 표현이 아닙니다. 과거보다는 많이 나아졌지만, 여전히 입양아에 대한 일반적인 인식이 부정적인 것이 사실입니다.

하지만 이 로마서가 기록될 당시 로마 문화에서의 양자는 일종의 특권과도 같은 것이었습니다. 로마 사람들 중에는 양자를 자기가 낳은 자식보다 더 귀하게 여기는 사람들도 많았다고 합니다. 일단 양자가 되면 모든 신분과 권세가 법적으로 친자식과 동등하게 되었습니다. 그래서 당시에는 로마 황제의 양자가 된 후 황제가 된 사람도 있었습니다. 이런 개념을 가지고 이어지는 말씀을 이해하시기 바랍니다.

앞의 성경 말씀을 보면 '양자의 영'과 '종의 영'이라는 두 단어가 대비되어 나오고 있습니다. 과거의 우리는 양자의 영이 아닌 종의 영의 지배를 받았습니다. 쉽게 말해 사탄의 지배 아래 있었다는 것입니다. 이런 종의 영의 지배를 받게 되면 마음속에 무서움을 갖게 됩니다. 이유 없이 두렵고 괴로운 가운데 힘든 삶을 살게 되는 것입니다.

그래서 그런 사람은 그 두려움을 해결하기 위해 각종 종교를 만들고 우상을 숭배하거나 미신을 믿는 등 다양한 방법을 씁니다. 종교를 헬라어로 '데이시다이모니아'라고 하는데 여기에는 '귀신을 두려워하여 섬기다'라는 뜻이 있습니다. 이런 복음이 없는 종교생활은 결국 더 큰 두려움과 불안 속으로 들어가게 만듭니다.

그러나 양자의 영을 받은 삶은 완전히 다릅니다. 더 이상 종의 영에 사로잡혀 두려워하지 않습니다. 하나님을 아빠 아버지라고 부르면서 하나님의 자녀 된 신분을 확실하게 누리게 되는 것입니다. 이렇게 하나님을 아빠라고 부르는 영적 친밀함을 가지고 당당한 누림의 삶을 사는 것이 바로 성경적 신앙생활입니다.

성령이 친히 우리의 영과 더불어 우리가 하나님의 자녀인 것을 증언하시나니 자녀이면 또한 상속자 곧 하나님의 상속자요 그리스도와 함께한 상속자니 우리가 그와 함께 영광을 받기 위하여 고난도 함께 받아야 할 것이니라 _로마서 8:16~17

사도 바울은 하나님의 자녀가 된 우리가 법적으로 가지는 또 하나의 권세가 바로 하나님의 상속자라는 사실을 강조합니다. 하나님의 자녀로서 갖게 되는 법적인 권리 중에는 상속권이 있습니다. 부모의 소유를 물려받을 수 있는 권리가 상속권이며 이 상속권을 가지고 있는 사람을 상속자라고 합니다. 우리는 하나님의 자녀이기 때문에 우리는 하나님의 상속자이며 하나님께서 갖고 계시는 모든 것을 물려받을 수 있습니다. 쉽게 말해 위에서 내리는 힘 Heavenly Power를 가지고 오직, 유일성, 재창조의 축복 속으로 들어가게 되는 것입니다.

그렇다면 Heavenly Power는 어떻게 받을 수 있을까요? 언약 붙잡은 기도를 통해 받을 수 있습니다. 여러분이 하나님의 상속자라는 영적 권세를 가지고 기도하면 됩니다. 이렇게 기도할 때 하늘 보좌의 축복을 누리는 삶, Heavenly Talent, 복음 전문성을 가지고 237 나라 5천 종족 살리는 Heavenly Mission 실현의 자리로 나아갈 수 있게 되는 것입니다.

우리가 영적으로 우리에게 주어진 놀라운 신분과 권세를 제대로 인식하고 사느냐 그렇지 못하느냐가 정말 중요합니다. 여러분은 하나님의 자녀요 하나님의 상속자라는 법적 신분에 걸맞은 권세를 사실적으로 사용하시기 바랍니다. 그런 성경적 신앙생활을 통해 어떤 환경 속에서도 하나님 나라 확장의 산 증인으로 당당히 서는 영적 도전을 하게 되시기를 예수 그리스도의 이름으로 축복합니다.

현장 변화의 주역

미국 트리니티 신학교의 신약학 교수였던 D. A. 카슨은 복음의 놀라운 권능에 대해 이렇게 요약했습니다. "복음은 죄가 행한 모든 것을 전복시킨다." 아주 간단하면서도 명쾌한 정리입니다. 예수 그리스도 안에 있는 자는 더 이상 죄로 인한 두려움과 정죄 의식으로 헤맬 이유가 없습니다. 우리는 이제 두려움에 사로잡힌 삶을 사는 것이 아니라 복음이 주는 놀라운 축복을 어떻게 누릴지 기대하는 삶을 살아야 합니다. 예수 그리스도가 모든 문제를 완벽하게 해결하셨기 때문에 사탄은 어떤 방법을 써도 우리를 절대 못 이깁니다. 문제와 사건이 생길 때 오직 복음이 되면 끝나는 것입니다.

이를 통해 우리는 이제 복음의 놀라운 권능에 힘입어 모든 사람을 해방시키는 역할을 해야 합니다. 우리가 영적인 탈출구, 영적 비상구가 되어야 하는 것입니다. 하나님께서 우리에게 누리라고 주신 복음을 300% 누리시기 바랍니다. 이를 통해 여러분 모두가 우리 삶의 모든 현장을 변화시켜 나가는 현장 변화의 주역이 되시기를 예수 그리스도의 이름으로 축복합니다.

기대와 설렘이 있는 신앙생활!

로마서 8:26~28

26이와 같이 성령도 우리의 연약함을 도우시나니 우리는 마땅히 기도할 바를 알지 못하나 오직 성령이 말할 수 없는 탄식으로 우리를 위하여 친히 간구하시느니라 27마음을 살피시는 이가 성령의 생각을 아시나니 이는 성령이 하나님의 뜻대로 성도를 위하여 간구하심이니라 28우리가 알거니와 하나님을 사랑하는 자 곧 그의 뜻대로 부르심을 입은 자들에게는 모든 것이 합력하여 선을 이루느니라

분명한 신분과 권세

사도 바울은 로마서 8장을 시작하면서 우리가 예수 그리스도 안에서 법적으로 해방되었다는 사실을 강조했습니다.

그러므로 이제 그리스도 예수 안에 있는 자에게는 결코 정죄함이 없나니
이는 그리스도 예수 안에 있는 생명의 성령의 법이 죄와 사망의 법에서
너를 해방하였음이라 _로마서 8:1~2

혹시라도 여러분 가운데 하나님 자녀 된 신분에 대한 의심이 생기거나 구원에 대해 헷갈리는 분이 있다면 그런 생각이 들 때마다 이 말씀을 고백하시기 바랍니다. 그러면 모든 의심과 불안이 다 사라지게 되어 있습니다.

사도 바울은 놀라운 영적 해방 선언과 함께 죄와 저주에서 참 자유함을 얻은 우리에게 주어진 놀라운 법적 권세가 무엇인지를 밝혀주었습니다. 그것이 바로 하나님의 자녀이자 하나님의 상속자라는 신분과 권세였습니다. 하나님을 아빠 아버지라고 부르며 기도할 수 있는 놀라운 특권이 주어진 것입니다. 기도하는 자에게 하나님께서 주시는 Heavenly Power를 받을 수 있는 자격이 우리에게 주어진 것입니다. 하늘 보좌의 축복, 시공

간을 초월하여 237 나라에 빛을 비출 수 있는 Spiritual Power가 우리에게 있습니다. 지금 눈에 보이는 내 모습과 환경, 형편에 좌지우지될 우리가 아니라는 것입니다.

우리가 신앙생활을 하면서 하나님께서 우리에게 주신 영적 신분과 권세가 무엇인지 제대로 아느냐 모르느냐에 따라 응답받는 삶을 사느냐 그러지 못하느냐, 영적 영향력을 입히는 삶을 사느냐 그러지 못하느냐가 갈리게 되어 있습니다. 유명한 영성신학자 헨리 나우웬은 이 부분에 대해 다음과 같은 말로 아주 사실적인 영적 진단을 했습니다.

"우리 삶에 닥친 위기 가운데 하나는 우리 자신이 계속해서 우리가 누구인지를 잊어버리는 것이다."

우리가 영적으로 깨어있지 못하면 변화된 신분과 권세를 자꾸 놓치고 옛 습관 옛 체질로 돌아가게 됩니다. 그렇기 때문에 우리는 옛 틀을 깨고 옛 체질에서 벗어나야만 합니다.

문제와 사건이 발생하면 성도의 영적 실상이 여실히 드러나게 되어 있습니다. 예수님을 믿었다고 해서 문제와 사건이 없는 것이 아니라 어떤 면에서 더 많이 올 수 있습니다. 우리 눈에 보이지 않는 영적 대적자인 사탄이라고 하고 마귀라고도 하는 우두머리와 그 졸개인 귀신들이 우는 사자와 같이 두루 다니며 삼킬 자를 찾기 때문입니다. 복음을 누리는 신앙생활을 할 수 없도록 우리의 생각 속에 온갖 불신앙을 심어주고 의심의 가라지를 뿌립니다. 그런데 의외로 여기에 당하는 성도들이 너무나 많습니다. 내가 당했다고 진단할 수 있는 방법은 내 삶에 평안이 임하고 있느냐 그렇지 못하느냐를 보면 알 수 있습니다. 내 영혼 평안해가 되지 않고, 내 영혼 불안해가 되면 전부 다 당하고 있는 것입니다.

사도 바울은 앞의 성경 말씀을 통해 이런 참소자 사탄, 이간자 마귀의 공격에 속지 말고 어떤 문제와 사건이 일어난다 해도 전혀 걱정할 이유가 없다는 사실을 밝히고 있습니다. 이제는 더 이상 눈앞의 환경, 문제와 사건에 매이는 삶이 아니라 기대와 설렘이 있는 신앙생활을 해 나가야 한다는 사실을 강조합니다.

우리의 연약함을 도우시는 성령

이와 같이 성령도 우리의 연약함을 도우시나니 우리는 마땅히 기도할 바를 알지 못하나 오직 성령이 말할 수 없는 탄식으로 우리를 위하여

친히 간구하시느니라 마음을 살피시는 이가 성령의 생각을 아시나니
이는 성령이 하나님의 뜻대로 성도를 위하여 간구하심이니라

_로마서 8:26~27

로마서 8:1~2의 영적 해방 선언 이후 이어지는 말씀을 보면 사도 바울이 집중적으로 강조하는 것이 바로 성령의 역사입니다. 그래서 신학자들은 로마서 8장을 가리켜 성령장이라고 말합니다. 사도 바울은 성령에 대해 하나님의 영, 그리스도의 영이라는 표현을 사용하면서 그리스도의 영이 없으면 그리스도의 사람이 아니라고 말했습니다. 하나님의 영으로 인도함을 받는 사람이 바로 하나님의 아들이며, 성령께서 친히 우리가 하나님을 아빠 아버지로 부르게 하신다는 것입니다.

그리고 앞의 성경 말씀을 통해서는 성령께서 우리의 연약함을 아시고 도우시며, 말할 수 없는 탄식으로 우리를 위해 친히 간구하시는 분이심을 강조하고 있습니다. 우리가 어떤 고난과 역경 속에 있더라도, 정말 어찌할 바를 알지 못하고 절망 가운데 빠져 있더라도 성령께서는 우리의 연약함을 친히 도우십니다. 우리의 부족한 부분을 채우시고, 넘어진 자를 일으키시며, 약한 자를 치유하고 회복시키셔서 다시 일어나 믿음의 도전을 하도록 인도하시는 분이 바로 성령 하나님이십니다.

그렇기 때문에 우리는 기대와 설렘을 가지고 신앙생활을 해 나갈 수 있습니다. 앞의 성경 말씀에서 사도 바울은 우리가 연약한 존재라는 사실을 언급합니다. 예수를 믿는다는 것은 우리가 온전한 사람이 되었다는 뜻이 아닙니다. 예수를 믿어도 여전히 우리에게는 부족함이 있고 연약함이 있으며, 근본적으로 인간의 부패와 타락의 본성 즉 죄의 성향을 가지고 있는 것입니다.

갈라디아서를 보면 사도 바울이 이런 상태에 대해 사실적으로 설명해 놓았습니다.

> 내가 이르노니 너희는 성령을 따라 행하라 그리하면 육체의 욕심을 이루지 아니하리라 육체의 소욕은 성령을 거스르고 성령은 육체를 거스르나니 이 둘이 서로 대적함으로 너희가 원하는 것을 하지 못하게 하려 함이니라 _갈라디아서 5:16~17

이 말씀은 예수 그리스도를 믿음으로 하나님의 자녀가 되었다고 하더라도 창세기 3장의 세상 현장에서 두 가지 대립되는 삶의 구조를 가지게 된다는 것입니다. 하나는 육체의 소욕을 따라 사는 삶이고, 다른 하나는 성령을 따라 사는 삶입니다.

여기서 육체의 소욕을 따르는 삶이 바로 연약한 삶입니다. 그 특징이 창세기 3, 6, 11장의 자기중심, 물질 중심, 세상 성공 중심의 삶입니다. 결과적으로 이런 육체의 소욕을 따르는 삶은 성령 인도를 받지 못하게 하고, 결국 하나님께서 주신 축복을 다 놓치게 만드는 것입니다. 설렘과 기대의 삶이 아니라 노심초사하는 삶을 살게 만듭니다. 불신자라면 그렇다 치더라도 이미 구원을 받아놓고도 이러한 삶을 산다면 이것만큼 억울한 일이 어디 있습니까? 그래서 성령께서는 이런 옛 체질, 옛 습관으로 돌아가려는 우리를 위해 탄식하면서 기도하시는 것입니다.

'누군가 널 위해 기도하네'라는 제목의 복음성가가 있습니다.

> 당신이 지쳐서 기도할 수 없고 눈물이 빗물처럼 흘러내릴 때
> 주님은 아시네 당신의 약함을 사랑으로 돌봐주시네
> 누군가 널 위하여 누군가 기도하네
> 네가 홀로 외로워서 마음이 무너질 때 누군가 널 위해 기도하네

여기서 누군가가 누구입니까? 바로 성령 하나님이십니다. 성령님이 우리와 24시간 함께하시면서 우리를 위로하시고 새 힘을 주시고 깨닫게 하십니다.

그래서 우리가 기대와 설렘이 있는 신앙생활을 하기 위해 분명하게 붙잡고 있어야 할 것이 바로 성령의 내주, 인도, 역사하심입니다. 다시 말해

구원받은 하나님의 자녀 7가지 축복 중에서 3가지 신분적 축복을 놓치지 말라는 것입니다. 예수 그리스도를 영접하는 순간 성령께서 우리 안에 내주하시고, 한 번 내주하신 성령은 결코 우리를 떠나지 아니하시며 우리와 영원토록 함께 계십니다. 그리고 우리의 삶을 인도하시고 우리가 하나님 앞에 올바로 기도하며 응답받는 삶을 살도록 친히 이끌어 주십니다. 그래서 우리를 변화시켜서 하나님께서 쓰실 수 있는 강력한 도구로 만드시는 것입니다.

로마서 8:27을 보면 성령께서 우리를 위해 간구하실 때, 무엇보다 하나님의 뜻대로 성도를 위하여 친히 간구하신다는 사실을 볼 수 있습니다. 우리가 예수님을 처음 믿을 때 하는 기도의 특징을 보면 대부분 기복적인 부분이 많습니다. 성경 말씀의 표현을 빌리자면 마땅히 기도할 바를 알지 못하는 상태 속에 빠져 있는 것입니다. 그런데 성령께서 우리가 이런 상태에 빠져 있지 않고 하나님의 뜻대로 기도할 수 있도록 인도해 주십니다. 성령께서 우리가 하나님의 말씀을 들을 때 깨달음을 얻게 하여 주시고 강단의 말씀이 선포될 때 그 말씀을 붙잡고 기도할 수 있도록 이끌어 주시는 것입니다.

그래서 강단 언약을 붙잡는 기도의 중요성은 아무리 강조해도 지나치지 않습니다. 언약 기도는 영적으로 생명력 넘치는 삶을 사는 통로가 되며,

하나님의 은혜를 체험하고 하나님의 권능을 힘입어 응답의 주역으로 서는 길이 되는 것입니다.

합력하여 선을 이루시는 하나님

우리가 알거니와 하나님을 사랑하는 자 곧 그의 뜻대로 부르심을 입은
자들에게는 모든 것이 합력하여 선을 이루느니라

_로마서 8:28

사도 바울은 우리가 기대와 설렘을 가지고 신앙생활 해야 할 또 하나의 이유를 분명히 밝혀주고 있습니다. 여러분은 하나님의 뜻대로 부르심을 입은 자라는 확신을 가지고 있습니까? 그렇다면 모든 것이 합력하여 선을 이루게 된다는 사실을 믿고 감사해야 합니다.

하나님의 자녀에게 우연은 없습니다. 예외 없이 모든 것이 하나님의 절대 주권적인 역사하심 속에 있는 필연입니다. 참새 한 마리도 하나님의 허락이 없으면 떨어지지 않습니다. 우리의 머리털까지도 다 세시는 분이 하나님이십니다. 다시 말해서 전지전능하신 하나님께서 모든 것을 알고 계시고 하나님의 시간표 속에서 우리의 삶을 온전히 주관하고 계신다는

것입니다. 그것도 최선의 것으로 인도하시는 분이 바로 하나님이십니다.

　과거에 많은 실패 속에 있었습니까? 하나님의 뜻대로 부르심을 입은 여러분에게는 문제가 되지 않습니다. 지금 고난 가운데 있습니까? 어려움 속에 있습니까? 염려와 걱정으로부터 완전하게 치유되시길 바랍니다. 하나님께서는 우리 삶의 모든 경험을 가지고 그것이 좋은 경험이든, 좋지 않은 경험이든 상관없이 선을 이루실 것이기 때문입니다. 마치 우리는 뛰어난 토기장이의 손에 붙잡힌 진흙 한 덩이와 같다는 사실을 아셔야 합니다. 일단 토기장이의 손에 붙잡히면 최고의 그릇으로 만들어지게 되어 있습니다. 때로는 토기장이가 손으로 으깨고, 발로 짓이기기도 하고 뜨거운 불에 넣어서 굽기도 하지만 이 모든 과정이 지나면 영롱한 빛을 발하는 최고의 그릇으로 만들어지게 됩니다. 이 예레미야 18장의 토기장이 비유와 마찬가지로 하나님은 우리의 영적 토기장이십니다. 그 손에 붙들리면 최고의 작품으로 태어나게 되어 있음을 놓치지 마시고 하나님의 절대 주권을 온전히 믿으시기 바랍니다.

　성경 속의 요셉을 보면 앞의 로마서 8:28 말씀이 그대로 적용된 인물임을 알 수 있습니다. 죽음의 위기에서 노예로, 죄수로 떨어졌다가 애굽의 총리로 급반등하는 그의 삶을 통해 결국 모든 것을 합력하여 선을 이루시는 하나님의 놀라운 섭리를 볼 수 있습니다. 성경을 보면 요셉은 형들 앞에서 놀라운 고백을 했습니다.

> 당신들이 나를 이 곳에 팔았다고 해서 근심하지 마소서 한탄하지 마소서
> 하나님이 생명을 구원하시려고 나를 당신들보다 먼저 보내셨나이다
> _창세기 45:5

모든 것을 합력하여 선을 이루시는 하나님의 놀라운 섭리를 요셉은 이미 깨달아 알고 있었습니다. 하나님과 이런 이면계약이 있었으니 그는 고난과 역경 속에서 좌절하지 않았습니다. 그리고 애굽 총리가 되어 승승장구하는 삶을 살면서도 교만하지 않고 하나님을 높이는 삶을 산 것입니다. 요셉이 간 언약의 여정을 통해 하나님의 살아 역사하심이 온 천하에 증거가 되었음을 우리는 볼 수 있습니다.

하나님께서 모든 것을 합력하여 선을 이루신다고 했는데 그렇다면 그 선이 과연 무엇일까요? 그것은 요셉의 고백에도 나와 있듯이 바로 생명을 구원하시는 것입니다. 하나님이 이루시는 선은 나의 문제, 사건, 모든 것을 통해 생명 살리는 것에 초점이 맞추어져 있다는 것을 우리는 깨달아야 합니다. 우리는 무엇보다도 생명 살리는 것에 인생의 최우선 순위를 두어야 하는 것입니다.

사도 바울도 하나님께서 자신의 삶에 대해서도 모든 것을 합력하여 선

을 이루실 것을 확신했기 때문에 어떤 상황 속에서도 흔들림 없이 생명 살리는 언약적 도전을 한 것이고 그 결과가 로마 복음화, 유럽 복음화로 이어진 것입니다. 여러분, 진심으로 하나님을 사랑하시기 바랍니다.

영원토록 변함없는 절대 진리

마케팅 시장의 격언 중에 "소비자는 무조건 옳다"라는 말이 있습니다. 기업을 경영하거나 사업을 하는 분들, 직장에서 영업하는 분들은 아마도 공감하실 것입니다. 소비자가 원하는 방향, 구매 욕구를 맞춰 물품을 만들고 마케팅 전략을 짜야 하기 때문입니다. 그런데 요즘은 갑질하는 소비자들이 워낙 많아서 소비자가 무조건 옳다고만 할 수는 없는 상황이라고 합니다. 이런 사람을 가리켜 '블랙 컨슈머(Black Consumer)'라고 합니다. 구매한 상품의 하자를 문제 삼아 기업을 상대로 과도한 피해보상금을 요구하거나 거짓으로 피해를 본 것처럼 꾸며 보상을 요구하는 것입니다.

이처럼 인간의 모습은 불완전하기 그지없습니다. 이런 인간의 모습과는 달리 저는 하나님 말씀에 대해 이렇게 강조하고 싶습니다.

"하나님의 말씀은 무조건 옳습니다."

　어제나 오늘이나 영원토록 변함없는 절대 진리가 하나님의 말씀입니다. 그렇기 때문에 그 말씀을 붙잡고 언약의 여정을 가는 우리에게는 기대와 설렘이 가득 차게 되어 있습니다. 하나님의 말씀은 무조건 옳고 반드시 성취됩니다. 여러분 모두가 이 절대 진리의 언약을 붙잡고 기대와 설렘이 있는 신앙생활을 해 나가게 되시기를 예수 그리스도의 이름으로 축복합니다.

끊을 수 없는 하나님의 사랑!

로마서 8:31~39

³¹그런즉 이 일에 대하여 우리가 무슨 말 하리요 만일 하나님이 우리를 위하시면 누가 우리를 대적하리요 ³²자기 아들을 아끼지 아니하시고 우리 모든 사람을 위하여 내주신 이가 어찌 그 아들과 함께 모든 것을 우리에게 주시지 아니하겠느냐 ³³누가 능히 하나님께서 택하신 자들을 고발하리요 의롭다 하신 이는 하나님이시니 ³⁴누가 정죄하리요 죽으실 뿐 아니라 다시 살아나신 이는 그리스도 예수시니 그는 하나님 우편에 계신 자요 우리를 위하여 간구하시는 자시니라 ³⁵누가 우리를 그리스도의 사랑에서 끊으리요 환난이나 곤고나 박해나 기근이나 적신이나 위험이나 칼이랴 ³⁶기록된 바 우리가 종일 주를 위하여 죽임을 당하게 되며 도살 당할 양 같이 여김을 받았나이다 함과 같으니라 ³⁷그러나 이 모든 일에 우리를 사랑하시는 이로 말미암아 우리가 넉넉히 이기느니라 ³⁸내가 확신하노니 사망이나 생명이나 천사들이나 권세자들이나 현재 일이나 장래 일이나 능력이나 ³⁹높음이나 깊음이나 다른 어떤 피조물이라도 우리를 우리 주 그리스도 예수 안에 있는 하나님의 사랑에서 끊을 수 없으리라

인간의 가치

한 과학자가 인체를 화학성분으로 분석한 결과가 있습니다. 보통 사람의 인체는 2.25kg의 칼슘, 500g의 인산염, 252g의 칼륨, 186g의 나트륨, 28g의 마그네슘, 그리고 28g 이하의 철과 동으로 이루어져 있고, 그 외에 우리가 아는 것처럼 체중의 70%는 물로 이루어져 있다고 합니다. 그래서 이 모든 것들을 환산하여 그 가치를 따져보면 식당에서 밥 한 끼 사서 먹기에도 모자란 금액이 나온다는 것입니다.

이와 비슷하게, 인간을 구성하고 있는 성분을 재료로 하여 만들 수 있는 것이 얼마나 되는지에 대해 연구한 자료도 있습니다. 비누 7장을 만들 수 있는 지방, 중간 크기 못 하나를 만들 수 있는 철, 찻잔 7잔을 채울 수 있는 당분과 닭장 하나를 칠할 수 있는 석회, 성냥 2,200개를 만들 수 있는 인, 약간의 소금을 만들 수 있는 마그네슘, 장난감 크레인 하나를 폭파할 수 있는 칼슘, 개 한 마리에 숨어 있는 벼룩을 몽땅 잡을 수 있는 유황이 전부입니다.

희한해 보이기도 하는 이런 연구 기준으로만 인간의 존재와 가치를 매긴다면 그 결과는 너무 당황스럽습니다. 어떤 면에서는 우리가 아등바등

하며 살아가고 있는 모습이 초라하기 그지없어 보입니다.

하지만 이런 것과 상관없이 인간이 가치 있는 존재인 이유가 있습니다. 그것은 바로 인간만이 유일하게 하나님의 형상대로 지음을 받았다는 사실입니다. 하나님은 인간을 다른 피조물과 달리 직접 흙으로 빚어서 그 안에 생기를 불어넣어 만드셨습니다. 쉽게 이해하면 영적인 존재, 생령으로 하나님께서 인간을 창조하셨고 하나님과 교제하며 하나님을 영화롭게 하는 존재로 살게 하셨습니다. 이처럼 인간은 영적 존재이기에 가치가 있는 것입니다.

이런 인간의 태생적 모습 속에는 하나님의 놀라운 사랑과 관심이 담겨 있습니다. 그런데 창세기 3장에서 발생한 첫 사람 아담의 범죄, 사탄의 속임수에 속아 하나님의 말씀에 불순종한 죄로 인해 하나님의 모든 사랑과 보살핌으로부터 단절된 것입니다. 하나님을 떠난 인간의 모습은 죄와 저주, 사탄 종노릇 하는 삶을 살다가 결국 영원한 멸망 길을 갈 수밖에 없었습니다.

그런데 우리가 알아야 할 놀라운 사실이 있습니다. 인간을 향한 하나님의 사랑은 창조하시던 그 순간부터 지금까지도 계속되고 있다는 것입니다. 창세기 3:1~6의 아담의 범죄 직후 하나님은 바로 창세기 3:15에서 여자의 후손 예수 그리스도를 통한 회복의 길을 언약하셨습니다.

> 내가 너로 여자와 원수가 되게 하고 네 후손도 여자의 후손과 원수가 되게 하리니 여자의 후손은 네 머리를 상하게 할 것이요 너는 그의 발꿈치를 상하게 할 것이니라 하시고 _창세기 3:15

범죄한 남자의 후손이 아니라 죄가 없으신, 죄 문제를 해결하신 유일한 구세주로 예수 그리스도가 오실 것을 언약하신 것입니다. 구약시대에는 이 언약이 성취될 것을 계속 예언하셨고, 신약시대인 마태복음 1:21~23을 보면, 예수가 그리스도로 오심으로써 그 언약이 성취되었음을 알 수 있습니다. 그래서 우리가 다시금 하나님의 자녀가 되어 영원한 생명, 구원의 길로 들어오게 된 것입니다.

사도 바울은 로마서의 말씀을 통해 우리에게 주어진 복음, 구원의 축복이 얼마나 놀라운 것인지 그 영적 진리에 대해 다양한 각도로 접근해서 설명했습니다. 그 가운데 로마서 8장의 마지막 부분에서는 구원의 확실성에 대해 이야기합니다. 사도 바울은 "그 어느 것도, 그 누구도, 구원받은 우리를 우리 주 예수 그리스도 안에 있는 하나님의 사랑에서 끊을 수 없다"고 확신에 찬 선언을 했습니다. 하나님의 사랑의 확실성, 영원성, 절대성에 대해 완전히 우리에게 각인시켜 주고 있는 것입니다.

구원받은 하나님의 자녀가 이 땅에 살면서 절대 놓치지 말아야 할 부분이 바로 이 부분입니다. 하나님 자녀와 불신자와의 가장 큰 차이가 무엇일까요? 불신자는 절대 하나님의 사랑을 알지 못합니다. 그러나 하나님의 자녀는 끊을 수 없는 하나님의 사랑을 늘 체험하면서 삽니다. 여러분은 하나님의 사랑이 어떠한지 예수 그리스도를 통해 주어진 그 사랑의 높이와 깊이와 너비와 길이를 얼마나 체험하고 살고 있습니까? 때로는 문제와 사건 앞에 정말 하나님이 계시는가? 정말 하나님이 나를 사랑하시기는 하는 건가 의심을 품지는 않았습니까?

사도 바울은 이런 모든 의심과 회의에 종지부를 찍어야 한다는 영적 선언으로 로마서 8장을 마무리하고 있습니다. 사도 바울의 이 영적 선언을 통해 하나님의 놀라운 사랑을 확인하고 체험하게 되시기를 바랍니다.

영적 확신의 삶

그런즉 이 일에 대하여 우리가 무슨 말 하리요 만일 하나님이 우리를 위하시면 누가 우리를 대적하리요 _로마서 8:31

바울이 밝히고 있는 '이 일'은 우리를 구원하시기 위한 하나님의 구원

사역을 가리킵니다. 로마서 8:29~30을 보면 이 일이 무엇인지 아주 잘 요약해 놓고 있습니다.

> 하나님이 미리 아신 자들을 또한 그 아들의 형상을 본받게 하기 위하여 미리 정하셨으니 이는 그로 많은 형제 중에서 맏아들이 되게 하려 하심이니라 또 미리 정하신 그들을 또한 부르시고 부르신 그들을 또한 의롭다 하시고 의롭다 하신 그들을 또한 영화롭게 하셨느니라
>
> _로마서 8:29~30

이 말씀은 구원의 순서, 구원의 여정을 보여 주고 있습니다. 처음에 하나님께서 사람들을 미리 아셨다고 표현하고 있는데 이를 가리켜 '예지(豫知)'라고 합니다. 다음으로 미리 정하셨다는 것은 '예정(豫定)'입니다. 그리고 부르셨다는 것은 '소명(召命)'을 뜻하며, 의롭다 하셨다는 것은 '칭의(稱義)'를 가리킵니다. 또, 영화롭게 하셨다는 것은 '영화(榮華)'를 일컫습니다.

예지-예정-소명-칭의-영화의 다섯 단계를 통해 우리는 구원의 전체 그림을 볼 수 있습니다. 현재 구원받은 우리에게 이루어지지 않은 것은 마지막 영화의 단계입니다. 영화는 천국에 가서 예수님 앞에 서는 순간에 맞게 되는 가장 영광스러운 상태를 말합니다.

이를 통해 우리는 우리를 구원하시기 위한 하나님의 놀라운 사랑을 볼 수 있습니다. 구원이라는 것이 어느 날 우연히 우리에게 주어진 것이 아니라 하나님의 모든 계획 속에 이미 작정되어 있었다는 것입니다. 그래서 하나님의 시간표에 따라 우리를 부르시고 의롭다 하신 것입니다. 그리고 장차 이 땅의 삶을 마감하고 난 후 영원한 천국의 삶 또한 예비되어 있음을 말씀하고 있습니다.

이 모든 표현은 모두 과거형으로 쓰여 있습니다. 이는 하나님께서는 이미 다 끝내 놓으셨다는 것을 나타냅니다. 하나님께서 이 정도로 확실하게 해 놓으셨으니 의심하지 말라는 것입니다. 바울은 이런 하나님의 사랑, 구원의 확실성에 대해서 반복적으로 강조했습니다.

> 그런즉 이 일에 대하여 우리가 무슨 말 하리요 만일 하나님이 우리를 위하시면 누가 우리를 대적하리요 _로마서 8:31

> 누가 능히 하나님께서 택하신 자들을 고발하리요 _로마서 8:33

> 누가 정죄하리요 _로마서 8:34

우리의 구원은 확실하며, 하나님 자녀의 구원을 흔들 자는 절대 없다는 것입니다.

사도 바울은 예수 그리스도를 통해 창세기 3장의 모든 죄와 저주 문제를 해결 받았음에도 사람들이 자꾸만 속고 있다며 그것으로부터 완전히 벗어날 것을 반복적으로 강조했습니다. 그 가운데 우리가 벗어나야 할 가장 중요한 것이 바로 정죄 의식입니다. 사탄은 자꾸 정죄 의식을 심어주지만, 하나님은 이미 끝났다고 하십니다. 요한계시록 12:10을 보면 사탄에 대해 '하나님 앞에서 우리를 밤낮 참소하던 자'라고 밝히고 있습니다. 그런데 이런 사탄의 참소는 예수 그리스도 앞에 완전히 무력화됩니다.

만일 누가 죄를 범하여도 아버지 앞에서 우리에게 대언자가
있으니 곧 의로우신 예수 그리스도시라
_요한1서 2:1

우리를 향한 하나님의 구원 계획은 완벽한 것입니다. 그 누구도 우리를 고발하고 정죄할 수 없다는 사실을 믿으시길 바랍니다. 하나님께서 우리를 의롭다 하셨는데 누가 고발하고 정죄할 수 있겠습니까?

나폴레옹이 어느 날 말을 타고 부대를 순찰하다가 말이 갑자기 놀라 뛰는 바람에 말에서 떨어질 뻔했습니다. 이때 근처에 있던 사병 하나가 재빠르게 붙들어주어 다치지 않을 수 있었습니다. 이에 나폴레옹이 이 사병에게 "대위, 고맙네."라고 하자 사병이 놀라서 "폐하, 저는 대위가 아니라 사병입니다."라고 답했습니다. 그러자 나폴레옹이 웃으면서 "자네는 오늘

부터 대위일세.”라고 말했습니다. 나폴레옹의 이 한마디에 사병은 그 순간부터 대위 계급장을 달고 다니게 되었습니다. 그런데 대위가 된 사병이 속해 있던 부대의 소대장이 그것을 보고 벌컥 화를 냈습니다. “누가 대위 계급장을 달고 다니라고 했나?” 그러자 그가 “황제께서 나를 오늘부터 대위로 임명하셨소.”라고 대답했습니다. 그의 대답에 더 이상 아무도 이의를 제기하지 못했습니다. 황제가 임명했다고 하니 누구도 토를 달 수 없었던 것입니다.

이는 영적으로도 마찬가지입니다. 하나님께서 나를 의로운 사람이라고 칭해주셨는데 누가 여러분을 고발하고 정죄할 수 있겠습니까? 설령 사탄이 시비를 건다고 해도 눈 하나 깜짝할 이유가 없습니다. 모든 것을 믿음의 눈으로 바라보시길 바랍니다. 십자가를 지시고 부활 승천하신 예수님께서 지금도 하나님 우편에 계시면서 우리를 위하여 간구하고 계심이 로마서 8:34에 분명히 나와 있습니다. 여러분 한 사람 한 사람을 위해서 그렇게 하신다는 것이 얼마나 놀라운 일입니까? 여러분 모두가 이런 영적 프라이드를 가지고 분명한 영적 자부심과 확신 속에서 신앙생활을 해 나가시길 바랍니다.

넉넉히 이기는 삶

누가 우리를 그리스도의 사랑에서 끊으리요 환난이나 곤고나 박해나 기
근이나 적신이나 위험이나 칼이랴 기록된 바 우리가 종일 주를 위하여 죽
임을 당하게 되며 도살 당할 양 같이 여김을 받았나이다 함과 같으니라
그러나 이 모든 일에 우리를 사랑하시는 이로 말미암아 우리가 넉넉히 이
기느니라 _로마서 8:35~37

　사도 바울은 그 어떤 것도 우리를 그리스도의 사랑에서 끊을 수 없다고
강조했습니다. 그러면서 우리를 순간순간 이런 하나님의 사랑으로부터
단절되었다는 착각을 가져오게 하는 일곱 가지 요소에 대해 언급합니다.

　먼저 '환난'은 외적인 환경에서 가해오는 고난과 고통을 말합니다. 그리
고 '곤고'란 마음의 극심한 걱정과 불안을 의미하며, '박해'는 예수 그리
스도 때문에 받는 모든 고난입니다. 또 '기근'은 굶주림, '적신'은 벌거벗은
것 즉 헐벗음을 말합니다. 그리고 '위험'과 '칼'은 각종 신변의 위협과 죽
임을 당하는 것을 의미합니다.

　그러나 사도 바울은 이러한 것, 다시 말해 설령 죽임을 당하는 극한 상
황에 처한다고 할지라도 그것이 결코 하나님의 사랑에서 끊어진 것이 아
님을 밝혔습니다. 그래서 바울은 로마서 8:37에 이렇게 선포했습니다.

그러나 이 모든 일에 우리를 사랑하시는 이로 말미암아 우리가
넉넉히 이기느니라 _로마서 8:37

우리의 삶은 이처럼 궁극적으로 승리가 보장되어 있습니다. 그것도 박빙의 승리가 아니라 넉넉히 이기는 삶입니다. 불안하고 조마조마한 삶이 아니라는 것입니다. 복음의 능력이 그만큼 놀랍다는 것을 우리가 깨달아야 합니다.

여러분이 반드시 알아야 할 것이 있습니다. 복음의 능력을 사실적으로 누리지 못하면 승리를 얻더라도 마지막까지 가슴 졸이며 살게 된다는 것입니다. 우리는 이럴 이유가 전혀 없습니다. 넉넉히 이기는 삶을 살도록 하나님께서 이미 다 예비해 놓으셨습니다. 그러니 이를 믿고 복음의 능력을 완전히 누리시기 바랍니다.

내가 확신하노니 사망이나 생명이나 천사들이나 권세자들이나
현재 일이나 장래 일이나 능력이나 높음이나 깊음이나 다른 어떤 피조물
이라도 우리를 우리 주 그리스도 예수 안에 있는 하나님의 사랑에서
끊을 수 없으리라 _로마서 8:38~39

막혀 있던 모든 문제가 뻥 뚫리는 것과 같은 영적 카타르시스를 주는 선언입니다. 그 어떤 것도 그리스도 예수 안에 있는 우리를 하나님의 사랑에서 끊을 수 없습니다.

성도의 견인(堅忍)이라는 신학 용어가 있습니다. 이는 말은 끝까지 안전하게 지켜주심을 받는다는 의미입니다. 요한복음 10:28~29을 보면 예수님께서 친히 이 사실을 말씀하셨습니다.

> 내가 그들에게 영생을 주노니 영원히 멸망하지 아니할 것이요 또 그들을 내 손에서 빼앗을 자가 없느니라 그들을 주신 내 아버지는 만물보다 크시매 아무도 아버지 손에서 빼앗을 수 없느니라
> _요한복음 10:28~29

이보다 더 확실하신 말씀이 어디 있습니까? 그 누구도, 그 어떤 환경도 그리스도 예수 안에 있는 하나님의 사랑에서 우리를 끊을 수 없다는 분명한 확신을 가지고 승리하는 신앙생활을 하시기 바랍니다.

우리가 로마서 8장의 말씀을 다 기억하지 못하더라도 다음의 세 가지 선언만 제대로 알고 있으면 넉넉히 이기는 삶을 살 수 있습니다.

> 그러므로 이제 그리스도 예수 안에 있는 자에게는 결코 정죄함이 없나니 이는 그리스도 예수 안에 있는 생명의 성령의 법이 죄와 사망의 법에서 너를 해방하였음이라 _로마서 8:1~2

우리가 알거니와 하나님을 사랑하는 자 곧 그의 뜻대로 부르심을 입은
자들에게는 모든 것이 합력하여 선을 이루느니라 _로마서 8:28

내가 확신하노니 사망이나 생명이나 천사들이나 권세자들이나 현재 일이
나 장래 일이나 능력이나 높음이나 깊음이나 다른 어떤 피조물이라도
우리를 우리 주 그리스도 예수 안에 있는 하나님의 사랑에서 끊을 수
없으리라 _로마서 8:38~39

이 세 가지 영적 선언문 속에 신앙생활의 모든 것이 다 들어있다고 볼
수 있습니다. 반복해서 묵상하면 할수록, 선포하면 선포할수록 속이 시
원해지고 새 힘이 솟게 되는 말씀입니다. 이 말씀을 묵상하며, 날마다 살
아 역사하시는 하나님의 말씀으로 넉넉히 이기는 삶을 살게 되시기를 바
랍니다.

하나님의 사랑을 체험하는 삶

「상한 감정의 치유」라는 유명한 책을 쓴 심리상담가 데이빗 씨맨즈가 일
평생 다양한 기독교인들을 상담한 경험을 바탕으로 이런 결론을 내렸습
니다.

"나는 오랫동안 많은 기독교인을 만났는데 그 기독교인들이 겪는 정서적 문제의 주요 원인은 두 가지로 요약할 수 있다. 첫째는 하나님의 무조건적인 은혜와 용서를 그들이 깨닫지 못하고, 받아들이지도 않고, 그것을 누리지 못한다는 것이다. 그리고 둘째는 그 무조건적인 사랑과 용서를 베풀 줄 모른다는 점이다."

아주 간단하지만, 핵심을 말하고 있습니다. 복음을 누리지 못하니, 전하지 못하는 것입니다. 하나님의 끊을 수 없는 사랑을 체험하지 못하니 증거할 수도 없는 것입니다. 우리는 영적 무감각함에서 벗어나 끊을 수 없는 하나님의 사랑을 체험하는 삶을 살아야 합니다.

이를 다른 각도로 접근하면 5가지 확신을 먼저 누려야 한다고 말할 수 있습니다. 바로 구원의 확신(요한1서 5:11~13), 기도 응답의 확신(예레미야 33:2~3), 인도의 확신(잠언 3:5~6), 사죄의 확신(요한1서 1:9), 승리의 확신(고린도전서 10:30)입니다.

이 다섯 가지로 영적 무장을 하고 있으면 여러분은 어떤 상황 속에서도 하나님의 사랑을 체험하며 나중 영광의 축복을 반드시 체험하게 되어 있습니다. 여러분 모두가 이런 사실적인 신앙생활, 증거 있는 신앙생활을 하게 되시기를 예수 그리스도의 이름으로 축복합니다.

나를 향한 하나님의 기대!

로마서 9:1~5

1-2내가 그리스도 안에서 참말을 하고 거짓말을 아니하노라 나에게 큰 근심이 있는 것과 마음에 그치지 않는 고통이 있는 것을 내 양심이 성령 안에서 나와 더불어 증언하노니
3나의 형제 곧 골육의 친척을 위하여 내 자신이 저주를 받아 그리스도에게서 끊어질지라도 원하는 바로라 4그들은 이스라엘 사람이라 그들에게는 양자 됨과 영광과 언약들과 율법을 세우신 것과 예배와 약속들이 있고 5조상들도 그들의 것이요 육신으로 하면 그리스도가 그들에게서 나셨으니 그는 만물 위에 계셔서 세세에 찬양을 받으실 하나님이시니라 아멘

차원이 다른 신앙생활

로마서 8장에는 참 자유, 참 누림의 삶을 살 수 있는 영적 비밀이 담겨 있습니다. 특히 로마서 8장 가운데 1~2, 28, 38~39절 말씀에 담긴 세 가지 영적 선언은 우리가 반드시 다시 고백해 보아야 할 부분입니다.

그러므로 이제 그리스도 예수 안에 있는 자에게는 결코 정죄함이 없나니 이는 그리스도 예수 안에 있는 생명의 성령의 법이 죄와 사망의 법에서 너를 해방하였음이라 _로마서 8:1~2

우리가 알거니와 하나님을 사랑하는 자 곧 그의 뜻대로 부르심을 입은 자들에게는 모든 것이 합력하여 선을 이루느니라 _로마서 8:28

내가 확신하노니 사망이나 생명이나 천사들이나 권세자들이나 현재 일이나 장래 일이나 능력이나 높음이나 깊음이나 다른 어떤 피조물이라도 우리를 우리 주 그리스도 예수 안에 있는 하나님의 사랑에서 끊을 수 없으리라 _로마서 8:38~39

로마서 8장의 이 세 가지 영적 선언에는 "왜 그렇게 복음을 누리지 못하느냐"는 사도 바울의 안타까운 심경이 담겨 있습니다. 영원히 완벽하게 보장되었는데 뭐가 두렵고 거칠 것이 있느냐는 것입니다. 사도 바울은 로마서 8장까지 더 이상 율법적 종교 생활과 창세기 3, 6, 11장의 세상 기준으로 영적 갈등할 이유가 없다는 사실을 다양한 각도로 설명했습니다. 그리고 로마서 9장부터는 이전과는 차원이 다른 신앙생활을 해 나가야 함을 강조하고 있습니다.

특히 이 로마서 9장의 말씀은 사도 바울이 가지고 있던 동족 구원의 열망이 아주 잘 나타나 있습니다. 사도 바울은 구원받은 자신을 통해 또 다른 영혼을 살리시겠다는 하나님의 기대와 완전히 소통하는 삶을 살았습니다. 이 말씀을 통해 우리도 각자의 현장에서 복음의 문을 활짝 열어나감으로써 하나님과 소통하는 신앙생활을 해 나가야 할 것입니다.

생명 살리는 열망

내가 그리스도 안에서 참말을 하고 거짓말을 아니하노라 나에게
큰 근심이 있는 것과 마음에 그치지 않는 고통이 있는 것을 내 양심이
성령 안에서 나와 더불어 증언하노니 _로마서 9:1

사도 바울은 다메섹 도상에서 예수 그리스도를 만난 이후의 삶이 180도 달라졌습니다. 이전에는 예수 믿는 자를 가장 앞서 핍박했던 핍박자였지만, 다메섹 사건 이후 그는 예수 그리스도의 복음을 증거하는 전도자의 삶을 살게 되었습니다. 특히 갈라디아서 2:8을 보면 사도 바울은 하나님으로부터 특별한 사명을 받았는데, 이방인에게 복음을 전하는 이방인의 사도로 부름을 받은 것입니다. 그리고 사도행전 20:24에 고백한 것처럼 하나님의 은혜의 복음을 증언하는 사명을 완수하기 위해 자신의 생명조차 조금도 귀한 것으로 여기지 않고 일심, 전심, 지속하였습니다.

그런데 로마서 9:1을 보면 이런 사도 바울에게 큰 근심과 마음에 그치지 않는 고통이 있다는 사실을 고백하고 있습니다. 사람마다 고통이 있습니다. 병이 들어서, 사는 것이 힘들어서 고통받고 또, 인간관계가 힘들어서 고통이고, 경제적으로 힘들어서 고통이고, 정말 다양한 내용이 있습니다. 그런데 자세히 들여다보면 우리가 받고 있는 고통의 내용은 영적이라기보다는 서론적인 내용이 대부분입니다. 창세기 3장의 자기중심, 창세기 6장의 물질 중심, 창세기 11장의 세상 성공 중심에 집중하다가 발생하는 문제에 사로잡혀 크게 근심하고 고통받는 것입니다. 그러나 사도 바울이 받는 고통은 이런 서론적인 고통이 아니라 본론적인 고통, 영적인 아픔이었습니다.

나의 형제 곧 골육의 친척을 위하여 내 자신이 저주를 받아 그리스도에게서 끊어질지라도 원하는 바로라 _로마서 9:3

사도 바울이 가지고 있는 고통은 자신의 형제, 골육의 친척이라고 표현하고 있는 이스라엘 백성들을 향한 고통이었습니다. 누구보다 자신은 예수 그리스도의 십자가 대속과 부활의 복음을 통해 영원한 생명을 얻었고, 이 영적 진리를 증거하며 이방인들을 살리고 있는데, 정작 자신의 동족들은 예수님이 메시아로 오셨음에도 이를 믿지 않고 하나님을 떠난 상태에 있기 때문에 그 고통이 시간이 흐를수록 더 커지고 있던 것입니다. 이 마음이 얼마나 사실적이고 간절했던지 자신이 그리스도에게서 끊어지는 한이 있더라도 자신의 동족이 구원을 받을 수 있다면 그렇게 하겠다는 것입니다. 로마서 8장 마지막에서 그 어떤 것도 우리를 그리스도 예수 안에 있는 하나님의 사랑에서 끊을 수 없다고 선언을 한 그가 이렇게까지 말하는 것은 그만큼 생명 살리는 열망이 컸기 때문입니다.

 사실 사도 바울이 자신의 동족에게서 환영과 좋은 대우를 받아서 이렇게 말한 것이 결코 아니었습니다. 오히려 동족들은 예수를 믿고 전한다는 이유만으로 자기를 잡아 죽이겠다고 결사대까지 만들어 쫓고 있는 상태였습니다. 자기 동족으로부터 쉬지 않고 극심한 핍박을 당했지만, 그 핍박이 바울의 생명 살리는 열망을 꺾지 못했습니다. 오히려 사도 바울은 속고 있는 자신의 동족들을 안타까워하며 언약적 한을 가지고 도전했던 것입니다.

전하라고 주신 축복

그들은 이스라엘 사람이라 그들에게는 양자 됨과 영광과 언약들과 율법
을 세우신 것과 예배와 약속들이 있고 조상들도 그들의 것이요 육신으로
하면 그리스도가 그들에게서 나셨으니 그는 만물 위에 계셔서 세세에
찬양을 받으실 하나님이시니라 아멘 _로마서 9:4~5

　사도 바울은 이스라엘 백성들이 하나님으로부터 최고의 축복을 먼저
받은 사람들이라고 강조했습니다. "그들은 이스라엘 사람이라"는 표현은
이스라엘 백성들이 하나님으로부터 특별히 선택받은 민족이라는 의미가
담겨 있습니다. 그리고 이런 선택뿐 아니라 다양한 축복을 하나님께서 이
들에게 베풀어 주셨습니다. 사도 바울은 이것을 '양자 됨', '영광', '언약',
'율법', '예배', '약속', '조상', '그리스도'라는 단어로 표현했습니다.

　앞의 성경 말씀을 보면 우선 양자 되었다는 사실을 강조합니다. 양자의
특징은 자기가 선택하는 것이 아닙니다. 하나님께서 친히 택하셔서 자녀
로 삼아주셨다는 은혜가 강조되는 것입니다. 그리고 하나님께서 친히 찾
아오셔서 이들의 삶에 개입하시는 놀라운 영광을 이스라엘 백성들은 체
험하였습니다. 특히 하나님께서는 이스라엘 백성들과 언약을 체결하시고
성취해 가셨습니다. 이들에게 율법을 주셔서 하나님의 뜻이 무엇인지 알
게 하셨고, 희생 제사 곧 예배를 통해 하나님 앞에 나갈 수 있는 특권을

주셨습니다. 더 나아가 믿음의 조상들을 통해 영적 교훈을 얻어 하나님이 기뻐하시는 삶을 살 수 있도록 문을 열어 주셨을 뿐 아니라 하나님께서 이스라엘 백성의 혈통을 통해서 인류를 구원할 메시아, 그리스도를 보내신 것입니다.

 한 마디로 말하면 다른 민족들이 누릴 수 없었던 축복의 기득권을 가졌던 민족이었습니다. 궁극적으로 어떤 민족보다 앞서 예수 그리스도를 믿을 수 있는 기회를 가지고 있었던 것입니다. 그런데 이들은 이런 축복들이 얼마나 큰 축복이고 놀라운 것인지 깨닫지 못하고 발로 차 버렸습니다. 가만히 놔두면 열두 가지 영적 문제로 고통을 받다가 영원한 멸망 길로 갈 수밖에 없는 운명 속에 있었던 것입니다. 이런 모습들을 사도 바울이 바라보고 있었으니 얼마나 답답하고 안타까웠겠습니까?

 이런 말이 있습니다. "죽어가는 사람에 대하여 무감각한 사람은 자신이 그리스도인인가를 의심해 보는 것이 좋다." 지금 여러분 옆에 죽어가는 영혼이 있는데 아무런 감각이 없다면 정말 문제가 있다는 것입니다. 지금 우리는 육적 이스라엘이 놓친 놀라운 구원의 축복을 영적 이스라엘로 맛보고 있습니다. 우리로 이 축복들을 다른 불신자들 앞서 먼저 맛보게 하신 이유가 있습니다. 바로 우리를 통해 예수 그리스도의 유일성이 증거되기를 원하신다는 것입니다. 이것이 하나님께서 우리에게 가지고 계신 최고 기대입니다. 하늘 보좌의 축복을 누리는 Heavenly Power를 가지고 시공간을 초월하여 237 나라 5천 종족 복음화를 이루는 Heavenly Mission을 실현하라는 것입니다. 그래서 여러분에게 Heavenly Talent를 주신 것입니다.

역사상 가장 많은 선교사를 파송했던 '학생자원자운동'에서 중요한 역할을 했던 로버트 스피어 선교사가 이런 말을 했습니다. "당신에게 믿음이 있는가? 그 믿음을 나타내 보이든지 아니면 그 믿음을 포기하라." 무슨 말입니까? 정말 어정쩡한 신앙생활을 하지 말고 확실한 결단을 하라는 것입니다. 요한계시록 3:15~16에 보면 예수님께서 라오디게아 교회 성도들을 향해 이렇게 책망했습니다. "내가 네 행위를 아노니 네가 차지도 아니하고 뜨겁지도 아니하도다 네가 차든지 뜨겁든지 하기를 원하노라 네가 이같이 미지근하여 뜨겁지도 아니하고 차지도 아니하니 내 입에서 너를 토하여 버리리라" 이 말씀의 핵심이 무엇입니까? 차든지 뜨겁든지 하라고 해서, 차갑게 되어도 된다는 것입니까? 전혀 그렇지 않습니다. 이 말씀의 핵심은 역설적이게도 뜨거워져야 한다는 것입니다. 복음적 열정을 회복하고 생명 살리는 언약적 도전을 하라는 것입니다. 우리는 하나님의 언약적 기대를 확실히 충족시켜드리는 삶을 살아야 합니다.

복음 플렉스

'Flex(플렉스)'라는 용어가 있습니다. 요즘 1020 세대에게 '돈을 쓰며 과시하다', '지르다'라는 뜻으로 사용되는 단어입니다. 원래는 '구부리다'라는 뜻에서 파생해 몸 좋은 사람들이 '등을 구부리며 근육을 자랑하다'라는 의미로 쓰였는데 1990년대 미국 힙합 문화에서 '부나 귀중품을 과시하다'라는 의미로 사용됐습니다. 우리나라에서도 래퍼들이 사용하며 유행하기 시작했고, 이제는 음악 시장을 넘어 소비 시장까지 흔들고 있습니다. 플렉스하는 것을 목표로 아르바이트하거나 용돈을 모아서 명품을 사고, SNS에 자랑하는 것이 젊은이들의 트렌드가 된 것입니다.

세상은 창세기 3, 6, 11장을 가지고 플렉스합니다. 자기중심, 돈 중심, 성공 중심에 모든 초점을 맞추고 자랑하는 것입니다. 그런데 우리는 달라야 합니다. 우리는 복음 플렉스해야 합니다. 그래서 복음을 최고로 자랑하자는 것입니다. 오직 그리스도, 오직 하나님 나라, 오직 성령 충만의 영적 진리를 가지고 현장에 빛을 비추는 삶에 우리 인생의 최고 가치가 있는 것입니다. 이를 통해 여러분 모두가 하나님의 기대를 최고로 충족시켜 드리는 그리스도의 절대 제자가 되시기를 예수 그리스도 이름으로 축복합니다.

예정된 축복을 누리는 삶!

로마서 9:6~13

6그러나 하나님의 말씀이 폐하여진 것 같지 않도다 이스라엘에
게서 난 그들이 다 이스라엘이 아니요 7또한 아브라함의 씨가
다 그의 자녀가 아니라 오직 이삭으로부터 난 자라야 네 씨라
불리리라 하셨으니 8곧 육신의 자녀가 하나님의 자녀가 아니요
오직 약속의 자녀가 씨로 여기심을 받느니라 9약속의 말씀은
이것이니 명년 이 때에 내가 이르리니 사라에게 아들이 있으리라
하심이라 10그뿐 아니라 또한 리브가가 우리 조상 이삭
한 사람으로 말미암아 임신하였는데 11그 자식들이 아직
나지도 아니하고 무슨 선이나 악을 행하지 아니한 때에
택하심을 따라 되는 하나님의 뜻이 행위로 말미암지 않고
오직 부르시는 이로 말미암아 서게 하려 하사 12리브가에게
이르시되 큰 자가 어린 자를 섬기리라 하셨나니 13기록된 바
내가 야곱은 사랑하고 에서는 미워하였다 하심과 같으니라

완벽히 보장된 미래

로마서 9:6~13 말씀은 예정론에 대한 대표적인 말씀입니다. 예정론은 하나님께서 구원받을 자와 구원받지 못할 자를 이미 예정하셨다는 것을 말합니다. 쉽게 말해서 하나님의 선택을 받은 자와 그렇지 못한 자가 이미 결정되어 있다는 것입니다. 사실 이런 예정론은 하나님의 입장에서 볼 때는 아무런 문제가 없지만, 인간의 이성적인 눈으로 바라볼 때는 논쟁의 여지가 충분히 있는 내용입니다. 불신자들의 입장에서 볼 때, "아니 하나님께서 누구는 사랑하고 누구는 미워하신단 말인가. 이렇게 불공평하고 편향적인 분이 무슨 하나님이시냐?"라고 따질 수도 있습니다. 사실 예정론은 사람들을 설득하거나 전도하는 데에 전혀 도움이 되지 않습니다. 또 예수 믿는다고 하는 성도 중에도 예정 교리에 대해서 이렇게 오해할 수 있습니다. "아니 이미 예정되어 있는데 전도할 이유가 있는가? 가만히 있어도 언젠가는 믿지 않겠는가?" 이처럼 예정론을 잘못 받아들이면 이처럼 수동적, 부정적 신앙생활을 합니다.

그런데 이렇게 다양한 논쟁을 불러일으킬 수 있는 내용이 성경에 기록되어 있는 이유가 무엇입니까? 그것은 바로 이 예정론이 사실이며 변함없는 영적 진리, 절대 진리이기 때문입니다. 사실 인간의 이성적 잣대를 가지고 성경을 재단하면 하나님의 의도는 하나도 남지 않고 단순한 이스라엘의 역사를 기록한 책에 불과해집니다. 우리가 성경을 볼 때 정말 놓치지 말아야 할 것은 말씀 속에 담긴 하나님의 의도를 보아야 한다는 것입니다.

앞의 성경 말씀을 통해서 하나님께서 우리에게 주시는 메시지는 예정된 축복을 누리는 삶을 살라는 것입니다. 우리의 미래는 완벽하게 보장되었기 때문에 세상의 환경과 형편에 좌지우지되는 그런 삶이 아니라 절대 진리인 하나님의 말씀을 붙잡고 말씀대로 언약적 도전을 하라는 것입니다.

약속의 자녀

사도 바울은 누구보다도 자기 동족 구원에 대한 열망이 있었던 인물입니다. 차라리 자신이 저주를 받아 그리스도에게서 끊어진다고 할지라도 이스라엘 민족이 구원을 받게 되면 그렇게라도 하겠다는 언약적 한이 있었습니다. 이방인의 사도로 택함을 받아 이방인들에게 예수 그리스도의 십자가 대속과 부활의 복음을 증거했고 그 결과 수많은 사람들이 주께 돌아오는 역사를 체험했습니다. 그런데 정작 자신의 동족인 이스라엘 백성들은 이 복음을 외면했던 것입니다. 그렇다면 하나님께서 아브라함과 그 후손에게 복을 주시겠다고 한 약속이 폐기된 것이 아니냐고 의심을 가질 수 있었습니다. 여기에 대해서 사도 바울은 많은 묵상을 했고 그 답을 구약의 말씀을 통해 찾았습니다.

> 그러나 하나님의 말씀이 폐하여진 것 같지 않도다 이스라엘에게서 난 그들이 다 이스라엘이 아니요 또한 아브라함의 씨가 다 그의 자녀가 아니라 오직 이삭으로부터 난 자라야 네 씨라 불리리라 하셨으니 곧 육신의 자녀가 하나님의 자녀가 아니요 오직 약속의 자녀가 씨로 여기심을 받느니라 _로마서 9:6~8

바울은 아브라함의 혈통을 따라 난 육신의 자녀가 다 하나님의 자녀가 아니라 약속의 자녀가 하나님의 자녀라는 사실을 강조했습니다. 바울은 구약의 두 가지 기록을 예로 들어서 설명을 했는데, 하나는 하나님께서 이삭을 택하시고 이스마엘은 버리신 경우입니다. 그런데 이를 두고 어떤 사람들은 이삭은 본처 자식이기 때문에 구원한 것이고, 이스마엘은 서자이기 때문에 버렸다는 식으로 생각할 수도 있습니다.

그래서 바울은 두 번째로 이삭의 두 아들인 에서와 야곱의 예를 들었습니다. 야곱과 에서는 둘 다 이삭의 친아들입니다. 그런데 하나님께서는 에서는 버리고 야곱을 선택하셨습니다. 사실 인간적인 모습을 보면 형인 에서가 사나이답고 훨씬 낫습니다. 야곱은 치졸하기 그지없는 사기꾼과 같은 사람이었습니다. 그런데 왜 하나님께서는 야곱을 택하시고 에서는 버리셨느냐는 것입니다.

> 그뿐 아니라 또한 리브가가 우리 조상 이삭 한 사람으로 말미암아 임신하였는데 그 자식들이 아직 나지도 아니하고 무슨 선이나 악을 행하지 아니한 때에 택하심을 따라 되는 하나님의 뜻이 행위로 말미암지 않고 오직 부르시는 이로 말미암아 서게 하려 하사 리브가에게 이르시되 큰 자가 어린 자를 섬기리라 하셨나니 기록된 바 내가 야곱은 사랑하고 에서는 미워하였다 하심과 같으니라 _로마서 9:10~13

사도 바울이 내린 결론은 이미 태어나기도 전에 하나님께서는 야곱을 택하시고 에서는 버리겠다는 의지를 품으셨다는 것입니다. 무슨 선이나 악을 행하지도 않았는데 이미 하나님의 뜻이 정해져 있었다는 것을 말합니다. 이 말은 우리가 구원받은 것 또한 우리의 행위 이전에 이미 하나님의 선택하심이 있었다는 것입니다.

에베소서 1:3~5에도 보면 이 사실을 아주 구체적으로 밝히고 있습니다. "찬송하리로다 하나님 곧 우리 주 예수 그리스도의 아버지께서 그리스도 안에서 하늘에 속한 모든 신령한 복을 우리에게 주시되 곧 창세 전에 그리스도 안에서 우리를 택하사 우리로 사랑 안에서 그 앞에 거룩하고 흠이 없게 하시려고 그 기쁘신 뜻대로 우리를 예정하사 예수 그리스도로 말미암아 자기의 아들들이 되게 하셨으니" 하나님께서 우리를 택하셨다고 말쓰하고 있는데 여기서 '택했다'라는 말은 '끄집어내다'라는 뜻을 가지고 있습니다. 창세기 3장 사건으로 발생된 열두 가지 영적 문제로 온갖 고통을 다 겪다가 영원한 멸망 길로 갈 수밖에 없는 저주받은 운명 속에서 우리를 끄집어내셨다는 것입니다. 그것도 창세전에 미리 계획해 놓으셨습니다. 하나님께서 이 일을 예정해 놓으시고 예수 그리스도를 통해 자녀 삼아주셨다는 사실을 강조했습니다. 이것이 얼마나 놀라운 축복이고 얼마나 희소성을 가진 축복인지 여러분이 놓치지 말아야 합니다.

  우리가 구원을 받았는지, 약속의 자녀인지 진단해 볼 수 있는 한 가지 기준이 있습니다. 그것은 바로 예정론을 들은 후 보이는 반응을 보면 알 수 있습니다. 약속의 자녀는 이 예정론을 들으면 놀라운 하나님의 은혜를 고백합니다. 예정론에서 제일 중요한 것이 하나님이 나를 택해주셨다는 것입니다. 나와 같은 죄인이, 나와 같이 부족한 사람이 하나님의 전적인 은혜로 택하심을 받아 영생의 축복을 얻게 되었다는 영적 의식이 있으니 감사와 감격이 나올 수밖에 없습니다. 사도 바울은 고린도전서 15:10에 이렇게 고백했습니다. "그러나 내가 나 된 것은 하나님의 은혜로 된 것이니 내게 주신 그의 은혜가 헛되지 아니하여 내가 모든 사도보다 더 많이 수고하였으나 내가 한 것이 아니요 오직 나와 함께 하신 하나님의 은혜로라" 모든 것이 하나님의 절대 은혜 그 자체였다는 것입니다.

그런데 이와는 달리 하나님의 구원 계획에 없는 사람들은 예정론에 대해 듣고 나서, "아니 이게 도대체 말이 되느냐"고 반문하고 심지어 분노까지 합니다. 그래서 예정론은 하나님의 은혜를 아는 자와 모르는 자를 구분해주는 중요한 시금석이 됩니다. 여러분은 어떻습니까? 여러분, "나는 약속의 자녀"라는 분명한 신분 의식을 가지시길 바랍니다.

남은 자 의식

> 그런즉 우리가 무슨 말을 하리요 하나님께 불의가 있느냐 그럴 수 없느니라 _로마서 9:14

바울은 하나님의 선택에 대해 인간의 입장에서 볼 때 불의하다는 의문이 들 수 있음을 알고 "하나님께 불의가 있느냐?"라고 질문을 던진 것입니다. 바울은 그럴 수 없다고 단호히 답했습니다. 피조물 된 인간이 창조주 하나님의 선택에 대해 이의를 달 수 있는 성질의 것이 아니라는 말씀입니다. 바울은 여기에 대해 토기장이의 비유를 통해 구체적으로 설명을 해줍니다.

이 사람아 네가 누구이기에 감히 하나님께 반문하느냐 지음을 받은 물건

이 지은 자에게 어찌 나를 이같이 만들었느냐 말하겠느냐 토기장이가
진흙 한 덩이로 하나는 귀히 쓸 그릇을, 하나는 천히 쓸 그릇을 만들
권한이 없느냐 _로마서 9:20~21

바울이 얼마나 답답한 심정이었던지 "이 사람아"라고 표현할 정도입니다. 지음을 받은 물건이 지은 자에게 어찌 나를 이같이 만들었느냐고 말할 수 있느냐는 것입니다. 그러면서 토기장이와 진흙의 관계를 빌어 더이상 반문을 하지 못하게 만들었습니다. 토기장이가 진흙 한 덩이로 하나는 귀히 쓸 그릇을, 다른 하나는 천히 쓸 그릇을 만들 권한이 없느냐는 것입니다.

여러분이 토기를 만드는 것에 대해서 실제로 보신 분들도 많이 있을 것입니다. 그런데 한 가지 독특한 것은 우리가 볼 때 아주 아름다운 작품인 듯한데, 토기장이가 그냥 사정없이 망치로 깨버리는 경우도 많습니다. 토기장이의 마음에 들지 않기에 그렇게 하는 것입니다. 여기다가 대고 우리가 이래라저래라 말할 수는 없습니다. 토기장이가 진흙을 가지고 귀히 쓸 그릇도 만들고 천히 쓸 그릇도 만들 수 있습니다. 그 권한은 전적으로 토기장이에게 달려있습니다. 여기서 토기장이는 창조주 하나님을, 진흙은 피조물 된 인간을 의미합니다. 우리를 긍휼히 여기시고 구원해 주시는 것은 전적으로 하나님의 절대 주권에 속한 것입니다.

또 이사야가 이스라엘에 관하여 외치되 이스라엘 자손들의 수가 비록
바다의 모래 같을지라도 남은 자만 구원을 받으리니 주께서 땅 위에서
그 말씀을 이루고 속히 시행하시리라 하셨느니라 또한 이사야가 미리 말
한 바 만일 만군의 주께서 우리에게 씨를 남겨 두지 아니하셨더라면
우리가 소돔과 같이 되고 고모라와 같았으리로다 함과 같으니라

_로마서 9:27~29

사도 바울이 하나님의 절대 주권적 선택을 남은 자 사상으로 표현했습
니다. 아무리 이스라엘 백성들의 수가 바다의 모래와 같이 많을지라도 이
들이 다 구원받는 것이 아니라 '남은 자'만 구원을 받는다는 것입니다.
'남은 자'를 영어로 하면 '렘넌트(Remnant)'라고 합니다. 렘넌트라는 말
은 대다수의 사람이 불신앙의 자리에 있음에도 불구하고 믿음의 자리에
서 있는 소수의 무리에게 적용되는 독특한 성경적 명칭입니다.

열왕기상 19장을 보면 엘리야가 선지자로 활동하고 있을 당시 이스라
엘 백성들이 심각한 우상 숭배에 빠져 있었습니다. 이런 시대에, 마치 자
기만 혼자 하나님을 믿는 것처럼 보였던 고립무원의 시점에서 엘리야에
게 하나님의 음성이 들렸습니다. "이 시대에 아직도 바알에게 무릎을 꿇
지 아니한 사람 칠천을 남겨두었다." 바로 이들을 가리켜 '남은 자'라고
하는 것입니다.

여기에는 두 가지의 커다란 의미가 있습니다. 첫째로 남은 자란 구원받은 하나님의 자녀를 의미하는 것이고, 두 번째는 계속해서 하나님 앞에 쓰임을 받는 제자를 의미합니다. 이 렘넌트라는 단어를 우리가 후대를 대상으로 주로 사용하고 있는데, 사실은 언약 잡은 모두가 이 시대의 렘넌트임을 놓쳐서는 안 됩니다. 하나님은 항상 남은 자에게 초점을 두고 역사하십니다. 그래서 남은 자가 역사의 흐름을 주도하는 창조적 소수가 되는 것입니다. 우리는 이러한 남은 자 의식을 가지고 말씀을 체험하는 '남는 자', 일어나 빛을 비추는 '남을 자', 만민을 돌아오게 하는 '남길 자'의 삶을 살아야 합니다.

종교개혁자 요한 칼빈은 이런 말을 했습니다. "우리가 누리는 모든 복은 이웃을 위해 써야 한다는 조건으로 주님이 맡기신 것이다." 우리를 택하시고 우리를 이 시대의 남은 자로 부르신 것은 우리를 통해 또 다른 영혼을 살리기 위하심입니다. 예정된 축복을 누리는 삶의 최고봉은 생명을 구원하는 전도와 선교에 있습니다.

남은 자의 사명

　오늘날의 교회를 진단한 하나의 문장이 있습니다. "오늘날 교회의 문제, 교인의 문제는 하나님을 사랑하지만, 하나님이 사랑하는 사람은 사랑하지 않는다는 것이다." 많은 성도들이 하나님을 사랑한다고 말하지만 정작 하나님이 사랑하는 사람, 다시 말해서 유리방황하는 불신 영혼들을 향해서는 그 사랑을 전하지 않는다는 것입니다. 이것이 오늘날 교회와 교인들의 본질적 문제입니다.

　하나님께서 우리를 창세전에 예정하셔서 약속의 자녀로 삼으시고 남은 자의 사명을 주신 이유가 어디 있습니까? 지금 우리 주변에 있는 불신 영혼 가운데 분명히 우리처럼 예정된 자들이 있습니다. 그러니 그들을 살리라는 것입니다. 우리는 이러한 사명을 분명하게 깨달아야 합니다. 이 사명을 깨닫고 여러분 모두가 온 땅에 복음을 증거하는 언약 성취의 주역이 되시기를 예수 그리스도의 이름으로 축복합니다.

내가 원하고 구하는 것은?

로마서 10:1~13

[1]형제들아 내 마음에 원하는 바와 하나님께 구하는 바는 이스라엘을 위함이니 곧 그들로 구원을 받게 함이라 [2]내가 증언하노니 그들이 하나님께 열심이 있으나 올바른 지식을 따른 것이 아니니라 [3]하나님의 의를 모르고 자기 의를 세우려고 힘써 하나님의 의에 복종하지 아니하였느니라 [4]그리스도는 모든 믿는 자에게 의를 이루기 위하여 율법의 마침이 되시니라 [5]모세가 기록하되 율법으로 말미암는 의를 행하는 사람은 그 의로 살리라 하였거니와 [6]믿음으로 말미암는 의는 이같이 말하되 네 마음에 누가 하늘에 올라가겠느냐 하지 말라 하니 올라가겠느냐 함은 그리스도를 모셔 내리려는 것이요 [7]혹은 누가 무저갱에 내려가겠느냐 하지 말라 하니 내려가겠느냐 함은 그리스도를 죽은 자 가운데서 모셔 올리려는 것이라 [8]그러면 무엇을 말하느냐 말씀이 네게 가까워 네 입에 있으며 네 마음에 있다 하였으니 곧 우리가 전파하는 믿음의 말씀이라 [9]네가 만일 네 입으로 예수를 주로 시인하며 또 하나님께서 그를 죽은 자 가운데서 살리신 것을 네 마음에 믿으면 구원을 받으리라 [10]사람이 마음으로 믿어 의에 이르고 입으로 시인하여 구원에 이르느니라 [11]성경에 이르되 누구든지 그를 믿는 자는 부끄러움을 당하지 아니하리라 하니 [12]유대인이나 헬라인이나 차별이 없음이라 한 분이신 주께서 모든 사람의 주가 되사 그를 부르는 모든 사람에게 부요하시도다 [13]누구든지 주의 이름을 부르는 자는 구원을 받으리라

하나님의 최고 관심

어느 매체에서 40~50대를 대상으로 소원이 무엇인지 묻는 설문 조사를 했습니다. 그 답변을 보면 첫째가 부자가 되는 것, 둘째가 자녀의 명문대 진학이었습니다. 40에서 50대는 자녀들이 대부분 대학 입시를 앞두고 있고, 한참 경제적인 부분에 대해 생각을 많이 하는 나이이기 때문입니다. 이런 결과를 두고 마냥 속물적이라 할 수 있을까요? 사실 이러한 것들은 누구나 원하는 것입니다. 부자가 되고, 자녀들이 명문대에 진학하는 것은 물론이고 좋은 직장을 갖거나 좋은 집을 사고 사업에서 성공하고 싶어 하는 것은 대부분의 사람이 갖는 소원입니다.

그런데 하나님의 자녀라면 한 가지 놓치지 말아야 할 것이 있습니다. 바로 하나님의 관심이 어디에 있느냐하는 것입니다. 하나님의 관심은 좋은 대학, 좋은 직장, 좋은 집에 있는 것이 아닙니다. 하나님의 최고 관심은 그 현장에서 과연 내가 생명 살리는 삶을 살고 있느냐에 있습니다. 우리의 직업은 본업이 아니라 부업이라는 말이 있습니다. 삶에서 영적 우선순위를 분명히 하라는 것입니다. 종교개혁자 요한 칼빈은 직업 소명설을 강조하면서 "모든 직업은 하나님의 거룩한 부름에 의한 거룩한 직업이다."라고 말했습니다. 직업, 학업, 사업이 하나님의 영광을 실현하는 수단이 되어야 합니다. 구체적으로 말하면 내 생업이 생명 살리는 통로가 될 때 진정한 가치가 있는 것입니다.

로마서 10:1을 보면 사도 바울이 원하고 구하는 것을 한 구절로 요약해 놓고 있습니다. "형제들아 내 마음에 원하는 바와 하나님께 구하는 바는 이스라엘을 위함이니 곧 그들로 구원을 받게 함이라" 사도 바울이 원하고 구하는 것은 이스라엘 백성의 구원이었습니다. 바울이 이를 얼마나 가슴에 담아두고 있었던지 로마서 9~11장에 걸쳐 이스라엘 백성의 구원에 대해 집중적으로 다루었습니다. 사실 바울이 복음을 전할 때 가장 핍박했던 자들은 다름 아닌 자기 동족이었습니다. 바울을 죽이기 전에는 먹지도, 마시지도 아니하겠다고 맹세하며 결사대를 조직해서 그 뒤를 쫓았던 자들도 이스라엘 백성들이었습니다. 다메섹 도상의 회심 사건 이후부터 바로 시작되었던 사도 바울을 죽이기 위한 공모는 평생 그를 괴롭혔습니다. 그럼에도 불구하고 사도 바울은 그 누구보다도 자기 동족이 하나님 앞에 구원받기를 간절히 바랐던 전도자였습니다.

로마서 9:1에서는 자기에게 큰 근심과 마음에 그치지 않는 고통이 있다고 밝히면서, 3절에서는 자기 동족의 구원을 위해서는 자신이 저주를 받아 그리스도에게서 끊어질지라도 그렇게 하겠다는 결연함을 보였습니다. 그리고 로마서 10장에서 또다시 자기 동족의 구원을 향한 열망을 표현하고 있습니다. 바울은 이 로마서 10장을 통해서 자기 동족인 이스라엘 백성들이 아직도 회개하지 않고 돌아오지 않는 근본 이유 중 하나가 인생의 가장 중요한 구원의 방향을 잘못 잡았기 때문임을 밝혔습니다.

신앙생활을 하면서 제일 중요한 것 중의 하나가 방향성입니다. 아무리 빨리 뛰어도 결승선을 향해서 가지 못하면 금메달을 받을 수 없듯이 방향이 잘못되면 열심을 가지고 한 것이 오히려 더 큰 걸림돌로 작용하게 됩니다. 바울은 하나님께서 열어놓으신 유일한 구원의 길을 놓치고 헛된 길로 가고 있는 이스라엘 백성들이 빨리 올바른 길로 돌아오기를 간절히 간구하는 마음으로 글을 썼습니다. 지금 현장에는 이스라엘 백성들과 같은 사람들이 너무나 많습니다. 그들의 특징을 한마디로 표현하면 유리방황이며, 예수님의 표현대로 하면 목자 없는 양과 같이 고생하며 기진한 삶을 살고 있습니다. 하나님을 떠나 열두 가지 영적 문제로 평생을 헤매다가 결국 영원한 멸망 길로 갈 수밖에 없는 운명 속에 빠져 있습니다. 우리는 그들을 올바른 길로 인도해야 할 사명이 있다는 사실을 반드시 깨달으시기 바랍니다.

오직 그리스도 체험

형제들아 내 마음에 원하는 바와 하나님께 구하는 바는 이스라엘을 위함이니 곧 그들로 구원을 받게 함이라 내가 증언하노니 그들이 하나님께 열심이 있으나 올바른 지식을 따른 것이 아니니라 하나님의 의를 모르고 자기 의를 세우려고 힘써 하나님의 의에 복종하지 아니하였느니라

_로마서 10:1~3

앞의 성경 말씀은 이스라엘 백성의 영혼 구원을 향한 바울의 가슴이 잘 담겨 있는 말씀인 동시에 이스라엘 백성이 구원을 얻지 못하고 있는 이유를 밝히고 있습니다. 한마디로 말하면 그들은 잘못된 열심을 가지고 있다는 것입니다. 이들은 하나님을 위한다는 명분으로 열심을 내었습니다. 열심 자체가 나쁜 것은 아닙니다. 사도 바울도 로마서 12:11에 "부지런하여 게으르지 말고 열심을 품고 주를 섬기라"고 강조했습니다. 그런데 이스라엘 백성들의 열심은 올바른 지식을 따르는 것이 아니라 자기 멋대로 자기 의를 드러내려는 잘못된 것이었습니다.

사실 열심하면 바울을 따라갈 사람이 없었습니다. 얼마나 열심을 냈던지 요즘으로 말하면 해외 원정까지 가서 예수 믿는 사람들을 잡으러 다닐 정도였습니다. 그런데 다메섹 도상에서 예수 그리스도를 만난 이후 자신의 이런 율법적 열심은 오히려 하나님 나라 확장을 가로막는 걸림돌이었

음을 깨닫게 된 것입니다. 이 땅에서 율법을 지킴으로 의롭게 될 수 있는 사람은 한 사람도 없습니다. 이렇게 잘못된 열심을 지금 자기 동족이 그대로 하고 있으니 얼마나 바울이 답답하고 안타까웠겠습니까?

로마서 10:2에 "그들이 하나님께 열심이 있으나 올바른 지식을 따른 것이 아니니라"는 말은 그들이 하나님의 의를 알지 못한다는 뜻입니다. 더 심각한 것은 자기 의를 세우려고 힘써 하나님의 의에 복종하지 않는 삶이었습니다. 그렇다면 하나님의 의가 무엇입니까? 로마서 10:4을 보면 예수 그리스도가 바로 하나님의 의라는 사실을 밝히고 있습니다. 모든 믿는 자를 의롭게 하시기 위해 이 땅에 오신 분이 바로 예수 그리스도입니다.

그리고 이 예수 그리스도가 그렇게 유대인들이 지키려고 했던 율법의 마침이심을 강조했습니다. 여기서 '마침'이라는 말은 헬라어로 '텔로스'라고 하는데 결론, 종결, 목적을 의미합니다. 한마디로 예수가 그리스도로 오셔서 모든 것을 다 끝내셨다는 말씀입니다. 예수 그리스도로 인해서 율법의 효력은 끝났고 종결되었습니다. 이제는 더 이상 율법 아래 떨어야 할 필요가 없고 예수 그리스도를 믿기만 하면 의롭게 되는 은혜의 시대가 된 것입니다. 오직 그리스도만 체험하면 끝난 것입니다.

모세가 기록하되 율법으로 말미암는 의를 행하는 사람은 그 의로 살리라 하였거니와 믿음으로 말미암는 의는 이같이 말하되 네 마음에 누가 하늘에 올라가겠느냐 하지 말라 하니 올라가겠느냐 함은 그리스도를 모셔 내리려는 것이요 혹은 누가 무저갱에 내려가겠느냐 하지 말라 하니 내려가겠느냐 함은 그리스도를 죽은 자 가운데서 모셔 올리려는 것이라

_로마서 10:5~7

이 말씀의 뜻이 무엇인지 언뜻 이해가 되지 않을 수 있습니다. 이 말씀은 신명기 30:11~14을 인용한 말씀인데, 쉽게 말하면 우리가 의롭다 함을 받기 위해서 예수 그리스도를 모시려고 하늘에 올라가서 찾아다닐 필요도 없고, 예수 그리스도를 찾아보려고 죽은 자들 사이에 돌아다닐 필요도 없다는 말입니다. 구원은 멀리 있는 것도 아니며 결코 자기의 의나 노력으로 되는 것이 아니라는 것입니다. 자기의 의로 구원을 받겠다는 생각, 율법을 지킴으로써 구원을 얻으려는 생각은 가장 큰 오해라는 사실을 알아야 합니다.

여러분은 신앙생활의 가장 큰 적이 무엇이라고 생각하십니까? 물론 우리의 대적은 사탄 마귀를 비롯한 악의 영들입니다. 그런데 이런 흑암 세력에 못지않게 신앙생활의 또 다른 적이 있습니다. 그것이 바로 선입견, 편견, 고정관념이고, 창세기 3장의 자기중심의 삶입니다. 이런 모든 내용들을 요약하면 내 기준, 내 생각, 내 마음에 맞지 않으면 받아들이지도 않고 고치지도 않는 것이 체질화되어 있는 것입니다.

유명한 심리학자 매슬로우(Maslow)가 자신을 귀신이라고 생각하는 어느 환자 이야기를 한 적이 있습니다. 정신과 의사를 찾아온 환자는 "저는 틀림없이 귀신인가 봐요."라고 자신의 고민을 털어놓았습니다. 의사가 "귀신과 사람의 차이점이 뭐죠?"하고 질문하니까 그는 "귀신은 피가 나오지 않지만, 사람은 피가 나와요."라고 대답했습니다. 그래서 이 의사가 환자의 손가락에서 주사기 바늘로 피를 조금 뽑아주면서 말했습니다. "당신은 귀신이 아니고 사람이네요." 그러자 환자는 이렇게 대답했습니다. "아, 아마도 저는 저주받은 귀신인가 봐요."

한 사람이 가지고 있는 고정관념, 선입견, 편견을 바꾸는 것이 얼마나 어려운 것인지를 보여주는 이야기입니다. 신앙생활을 하는 데 있어서도 이처럼 옛 습관, 옛 체질, 옛 틀에서 빠져나오는 것이 쉽지 않습니다. 이미 잠재의식에까지 뿌리를 내리고 있기 때문입니다. 그래서 3오직과 3오늘이 중요합니다. 오직 그리스도, 오직 하나님 나라, 오직 성령 충만한 삶으로 매일매일 새롭게 각인, 뿌리, 체질화시키는 것이 절대적으로 필요한 것입니다. 그 방법이 바로 3오늘입니다. 오늘의 말씀, 오늘의 기도, 오늘의 전도가 되어질 때 우리는 변화와 성장을 체험하게 되어 있습니다.

부요하신 그리스도 체험

그러면 무엇을 말하느냐 말씀이 네게 가까워 네 입에 있으며 네 마음에
있다 하였으니 곧 우리가 전파하는 믿음의 말씀이라

_로마서 10:8

　바울은 하나님의 말씀 곧 구원 얻는 길은 결코 멀리 있는 것이 아님을
밝히고 있습니다. 등잔 밑이 어둡다는 말이 있듯이 사람들은 가장 가까
이에 있는 하나님의 말씀에 유일한 구원의 길이 있음에도 불구하고 뭔가
더 어려운 것이 진리인 것처럼 멀리서 찾고 있습니다. 이는 사탄에게 철저
히 속고 있는 것입니다. 복음의 말씀은 멀리 있는 것이 아니라 우리 입과
우리 마음에 가까이 있어서 믿고 고백하기만 하면 됩니다.

네가 만일 네 입으로 예수를 주로 시인하며 또 하나님께서 그를 죽은 자
가운데서 살리신 것을 네 마음에 믿으면 구원을 받으리라 사람이
마음으로 믿어 의에 이르고 입으로 시인하여 구원에 이르느니라

_로마서 10:9~10

　예수 그리스도의 십자가 대속과 부활을 통해 우리의 과거, 현재, 미래
의 모든 죄가 완벽히 사해졌다는 사실을 마음으로 믿고 입으로 예수님을
주로 시인하면 구원을 얻게 됩니다. 이것을 영접이라고 하는데 신앙생활
은 여기서부터 시작됩니다. "예수 그리스도가 내 인생의 주인이십니다."

라는 믿음의 고백이 영적 첫걸음이 됩니다. 바울은 이런 인생의 축복이 유대인이나 이방인이나 남녀노소, 빈부귀천에 상관없이 주어지는 축복임을 밝혔습니다.

> 성경에 이르되 누구든지 그를 믿는 자는 부끄러움을 당하지 아니하리라 하니 유대인이나 헬라인이나 차별이 없음이라 한 분이신 주께서 모든 사람의 주가 되사 그를 부르는 모든 사람에게 부요하시도다 누구든지 주의 이름을 부르는 자는 구원을 받으리라 _로마서 10:11~13

이 놀라운 축복의 외침은 당시 율법주의에 사로잡혀 있었던 유대인들에게는 충격적인 도전이었고, 이방인들에게는 감격적인 복음이었습니다. 사도 바울은 누구든지 예수 그리스도를 믿는 자는 부끄러움을 당하지 않는다고 밝히고 있습니다. 여러분이 과거에 어떠한 삶을 살았든지, 어떤 일을 했든지 예수 그리스도 안에 있으면 부끄러움을 당하지 않게 됩니다. 예수 그리스도의 십자가 보혈로 모든 문제가 눈과 같이 희게 되었습니다. 그래서 그 누구도 우리를 정죄할 수 없고, 우리를 그리스도 예수 안에 있는 하나님의 사랑에서 끊을 수도 없습니다.

특별히 바울은 예수 그리스도께서 모든 사람의 주가 되사 그를 부르는 모든 사람에게 부요하신 분이심을 강조했습니다. 예수 그리스도 안에 담겨진 부요의 비밀을 날마다 깨닫고 맛보는 것이 성경적 신앙생활임을 보여주는 말씀입니다. 사도 바울은 에베소서 3:19에서 예수 그리스도 안에 감추어져 있는 지혜와 지식의 모든 비밀, 그 넓이와 길이와 높이와 깊이가 어떠함을 깨달아 알기를 원한다고 간구하고 있습니다. 또 에베소서 4:15에서는 범사에 그리스도에게까지 자라가야 한다고 강조하고 있습니다.

어떻게 이런 예수 그리스도의 부요함을 체험할 수 있을까요? 바로 하나님의 말씀을 통해서입니다. 그 출발점이 강단입니다. 강단을 통해 선포되는 복음 메시지를 여러분이 삶 속에 하나하나 적용해 나가다 보면 어느 순간 체질이 바뀌고 나 자신도 놀라는 변화의 물결이 일어나게 되어 있습니다. 예배가 이끄는 삶, 강단 말씀이 주도하는 삶을 통해 부요하신 그리스도를 충만히 체험하시기 바랍니다.

우리가 전할 선물

남태평양의 트로브리안드 군도에는 독특한 선물 문화가 있다고 합니다. 그것은 'Kula(쿨라)'라고 하는데 이런 식으로 진행됩니다. 가령 A라는 사람이 B에게 선물하면 B는 A에게 답례하는 것이 아니라 다른 이웃인 C에게 하는 것입니다. 선물을 받은 C는 다시 D에게 주고 D는 E에게 답례 선물을 전합니다. 결과적으로 이렇게 선물을 하다 보면 마치 하나의 큰 원을 그리듯이 섬 전체를 돌아 처음 선물을 나눠준 A에게 다시 돌아오게 됩니다.

저는 이런 선물 문화를 보면서 참 성경적이라 생각했습니다. 복음이 그렇기 때문입니다. 하나님께서 인류를 구원하시기 위해 이 땅에 예수 그리스도를 선물로 주셨습니다. 그런데 하나님은 이 선물의 답례를 하나님께 하는 것이 아니라 또 다른 누구에게 주기를 원하셨습니다. 그것이 전도요 선교입니다. 이 구원의 유일성이라는 선물이 나를 통해 또 다른 사람, 불신자에게 전해지는 것을 하나님이 가장 바라고 원하시는 것입니다. 그래서 사도 바울은 이런 하나님의 가슴을 누구보다 절실하게 품었고 일평생 일심 전심 지속하며 생명의 복음을 전파한 것입니다.

우리도 이런 가슴을 가져야 합니다. 여러분 삶의 현장이 바로 선교지입니다. 여러분이 원하고 간구하여야 할 것은 불신 가족, 불신 친척, 불신 친구, 불신 동료, 불신 이웃의 구원이라는 분명한 결론을 내야 합니다. 이러한 삶을 통해 여러분 모두가 현장에서 생명을 살리는 응답의 주역이 되시기를 예수 그리스도 이름으로 축복합니다.

237 살리는 발걸음!

로마서 10:13~21

¹³누구든지 주의 이름을 부르는 자는 구원을 받으리라
¹⁴그런즉 그들이 믿지 아니하는 이를 어찌 부르리요 듣지도
못한 이를 어찌 믿으리요 전파하는 자가 없이 어찌 들으리요
¹⁵보내심을 받지 아니하였으면 어찌 전파하리요 기록된 바
아름답도다 좋은 소식을 전하는 자들의 발이여 함과 같으니라
¹⁶그러나 그들이 다 복음을 순종하지 아니하였도다 이사야가 이
르되 주여 우리가 전한 것을 누가 믿었나이까 하였으니
¹⁷그러므로 믿음은 들음에서 나며 들음은 그리스도의 말씀으로
말미암았느니라 ¹⁸그러나 내가 말하노니 그들이 듣지 아니하였
느냐 그렇지 아니하니 그 소리가 온 땅에 퍼졌고 그 말씀이
땅 끝까지 이르렀도다 하였느니라 ¹⁹그러나 내가 말하노니
이스라엘이 알지 못하였느냐 먼저 모세가 이르되 내가 백성
아닌 자로써 너희를 시기하게 하며 미련한 백성으로써
너희를 노엽게 하리라 하였고 ²⁰이사야는 매우 담대하여
내가 나를 찾지 아니한 자들에게 찾은 바 되고 내게 묻지 아니한
자들에게 나타났노라 말하였고 ²¹이스라엘에 대하여
이르되 순종하지 아니하고 거슬러 말하는 백성에게
내가 종일 내 손을 벌렸노라 하였느니라

전도자의 발걸음

이번 챕터의 제목이 '237 살리는 발걸음'입니다. 이 발걸음이라는 표현 자체에 우리 신앙의 방향성이 담겨 있습니다. 우리의 발걸음은 한마디로 237 나라, 5천 종족을 살리는 발걸음이 되어야 합니다. 이것은 우리에게 주어진 천명, 소명, 사명입니다. 예수님께서 부활 승천하시면서 제자들에게 남기신 메시지의 핵심이 바로 세계 복음화이기 때문입니다.

그러므로 너희는 가서 모든 민족을 제자로 삼아 아버지와 아들과 성령의 이름으로 세례를 베풀고 내가 너희에게 분부한 모든 것을 가르쳐 지키게 하라 볼지어다 내가 세상 끝날까지 너희와 항상 함께 있으리라 하시니라 _마태복음 28:19~20

너희는 온 천하에 다니며 만민에게 복음을 전파하라

_마가복음 16:15

오직 성령이 너희에게 임하시면 너희가 권능을 받고 예루살렘과 온 유대와 사마리아와 땅 끝까지 이르러 내 증인이 되리라

_사도행전 1:8

예수님께서 우리에게 남기신 마지막 메시지는 전부 다 세계 선교였습니다. 특히 우리가 영적인 눈을 열고 보아야 할 부분이 바로, '예수님께서 우리와 항상 함께 있으시겠다고 말씀하신 이유, 오직 성령 충만을 받

아야 하는 이유가 무엇인가?'라는 것입니다. 우리는 속지 말아야 합니다. 나의 개인적인 목적 성취를 위해서 예수님이 함께하시고 성령 충만을 받아야 하는 것이 아닙니다. 생명의 복음을 전파하기 위해서 237 나라, 5천 종족을 살리기 위해서 예수님이 우리와 함께하시고 성령 충만이 필요한 것입니다.

마가복음 16:20을 보면 예수님께서 남기신 말씀에 따라 제자들이 나가서 복음을 전파할 때 주께서 함께 역사하셨음을 밝혔습니다. 사도행전을 보면 사도들이 생명을 걸고 예수 그리스도의 십자가 대속과 부활의 복음을 증거할 때 주의 성령께서 강권적으로 역사하셨습니다. "나는 왜 주의 성령께서 함께하시는 느낌이 들지 않을까?" 궁금한 분이 계십니까? 그렇다면 현장을 회복해보시기 바랍니다. 여러분의 입술로 한 번 예수 그리스도의 유일성을 선포해 보시기 바랍니다. 여러분의 발걸음이 지역, 민족, 세계 살리는 237 발걸음이 될 때 놀라운 성령 충만을 체험하게 됩니다. 그 특징이 바로 기쁨입니다. 치유와 회복의 기쁨입니다. 서로가 살아나는 기쁨, 복음을 전한 자와 받은 자 모두에게 임하는 기쁨입니다.

로마서 10:13~21을 보면 사도 바울이 이런 생명 회복의 기쁨을 자기 동족을 통해서도 얻기를 간절히 원했던 모습이 나옵니다. 로마서 9장부터 11장까지에는 이런 사도 바울의 가슴이 담겨 있습니다. 사실 로마서는 8

장 이후 12장으로 바로 이어져야 더 자연스럽습니다. 9장부터 11장까지는 마치 부록과 같은 느낌을 줍니다. 하지만 이 사이에 동족 복음화를 향한 가슴을 담아 놓은 것은 이스라엘 백성들도 이방인과 마찬가지로 예수 그리스도를 믿고 입으로 시인할 때만 구원을 얻게 되기 때문입니다. 아브라함의 씨가 다 하나님의 자녀가 아니라 오직 약속의 자녀만이 하나님의 자녀가 된다는 것입니다. 그래서 일단 이스라엘 백성은 예수 그리스도에게로 먼저 방향 전환이 이루어져야 합니다. 그 발걸음이 예수 그리스도를 향한 발걸음이 되어야만 합니다.

사도 바울은 로마서 10장에서 이런 영적 방향 전환을 위한 전도자의 발걸음이 얼마나 중요한지를 강조하고 있습니다. 우리는 날마다 어디론가 발걸음을 내디디며 살아갑니다. 직장인은 직장으로, 사업가는 사업장으로, 학생은 학교로 발걸음을 내디딥니다. 그런데 이런 모든 발걸음 속에 우리가 함께 내디뎌야 할 발걸음은 바로 237 나라를 살리는 발걸음입니다. 여러분이 처한 현장이 바로 선교지입니다. 여러분은 현장 선교사로 파송되어 있다는 영적 의식이 있어야 합니다. 거기서부터 237 나라, 5천 종족 복음화가 시작되는 것입니다.

보내심을 받은 복음 전파자

누구든지 주의 이름을 부르는 자는 구원을 받으리라 그런즉 그들이
믿지 아니하는 이를 어찌 부르리요 듣지도 못한 이를 어찌 믿으리요
전파하는 자가 없이 어찌 들으리요 _로마서 10:13~14

사도 바울은 누구든지 주의 이름을 부르는 자는 구원을 받게 된다고 말했습니다. 어떻게 보면 가장 쉬운 것이 구원받는 것이라고 할 수 있습니다. 예수 그리스도를 주로 믿고 입으로 고백하기만 하면 됩니다. 그런데 문제는 이렇게 쉬운 구원의 길도 알지 못하면 갈 수가 없는 것입니다. 그래서 구원을 받게 되는 과정을 아주 쉽게 설명하는 것입니다. "그들이 믿지 아니하는 이를 어찌 부르리요 듣지도 못한 이를 어찌 믿으리요 전파하는 자가 없이 어찌 들으리요" 이 말씀의 순서를 역으로 해 보면 더 쉽게 이해가 됩니다. 전파하는 자가 있어야 듣게 되고, 들어야 믿게 되고, 믿어야 주의 이름을 부르게 됩니다. 한마디로 참 복음의 소식을 전파하는 자가 있어야 한다는 것입니다.

이런 복음 전파의 사명은 다양하게 이루어집니다. 우리가 직접 하든 여러 방법을 활용하든 날마다 복음을 전파하지 않으면 믿는 자들이 생기지 않게 됩니다. 누군가는 하나님의 말씀을 전해주어야만 합니다. 특히

이런 복음 전파자라는 영적 정체성은 하나님께서 친히 주신 것임을 놓치지 말아야 합니다.

보내심을 받지 아니하였으면 어찌 전파하리요 기록된 바 아름답도다
좋은 소식을 전하는 자들의 발이여 함과 같으니라
_로마서 10:15

하나님께서 누군가를 보내셔야 가서 복음을 전할 수 있는 것입니다. 하나님의 자녀가 되었다는 것은 곧 하나님으로부터 보내심을 받은 존재라는 사실을 알고 있어야 합니다. 하나님의 부르심을 받았다는 소명의식은 꼭 목사나 선교사만이 가지는 것이 아닙니다. 성도들이 이런 잘못된 선입견에 빠져 있기 때문에 교회가 힘이 없고 세상에 영향력을 입히지 못하는 것입니다. 사탄이 주는 가장 달콤한 속임수가 무엇인지 아십니까? 바로 '내가 아닌 다른 누군가가 하겠지'라는 생각입니다. 여기에 다 넘어갑니다. 여러분 한 사람 한 사람이 하나님으로부터 보내심을 받은 자라는 사실을 알아야 합니다.

베드로전서 2:9에 보면 이 사실이 분명하게 기록되어 있습니다. "너희는 택하신 족속이요 왕 같은 제사장들이요 거룩한 나라요 그의 소유가 된 백성이니 이는 너희를 어두운 데서 불러 내어 그의 기이한 빛에 들어가게 하신 이의 아름다운 덕을 선포하게 하려 하심이라" 우리를 창세기

3장의 어두움에서 구원해 주신 예수 그리스도의 아름다운 덕을 모든 사람에게 전하게 하려고 우리를 왕 같은 제사장으로 부르셨다고 분명히 말씀하셨습니다. 제사장의 역할이 무엇입니까? 하나님과 죄인을 화목하게 하는 중보자의 역할입니다. 모든 사람은 창세기 3장 사건 때문에 하나님을 떠나 죄와 저주 가운데 사탄의 종노릇을 하며 열두 가지 영적 문제로 유리방황하게 되었습니다. 이런 영원한 멸망 길로 갈 수밖에 없는 죄인된 인간을 하나님과 화목하게 만드는 제사장적 사명이 우리에게 주어졌습니다. 여러분 한 사람 한 사람이 분명한 소명의식과 사명의식, 왕적 권세를 가지고 화목 제물 되신 예수 그리스도를 증거하는 최고의 발걸음이 되어야 합니다.

중단 없는 복음 전파

그러나 그들이 다 복음을 순종하지 아니하였도다 이사야가 이르되 주여 우리가 전한 것을 누가 믿었나이까 하였으니 그러므로 믿음은 들음에서 나며 들음은 그리스도의 말씀으로 말미암았느니라

__로마서10:16~17

바울은 지금 복음을 전했지만, 그 복음을 받아들이지 않은 사람들이 있다는 것을 밝혔습니다. 대표적인 사람들이 바울의 동족인 이스라엘 백성

들이었습니다. 18절에서 21절을 보면 이들이 듣지 않았기 때문에 복음을 거부한 것이 아니었다는 사실을 모세와 이사야의 예언을 인용하면서 밝히고 있습니다. 율법과 전통에 매여 예수가 메시아, 그리스도로 오셨음에도 불구하고 이들은 받아들이지 않았던 것입니다. 지금도 유대인들은 메시아, 그리스도를 기다리고 있습니다. 그만큼 더러운 누더기와 같은 자기 의에 매여 속고 있는 것입니다.

앞의 성경 말씀을 보면 "믿음은 들음에서 나며 들음은 그리스도의 말씀으로 말미암았느니라"라고 밝히고 있습니다. 믿음은 들음에서 나는데 그 들음이 어떤 들음이냐가 중요합니다. 이스라엘 백성들처럼 율법을 들어서 구원을 얻는 믿음이 생기는 것이 아니며, 좋은 도덕적 가르침을 많이 들어서 구원 얻는 것도 아닙니다. 구원은 바로 예수 그리스도의 말씀, 예수 그리스도의 참 복음을 통해서만 주어지는 것입니다. 앞의 성경 말씀에 나오는 '그리스도의 말씀'은 단순히 문자적인 의미의 말씀이 아니라 내 가슴 속에 직접 부딪혀 변화를 일으켜내는 말씀을 의미합니다. 하나님의 말씀이 내게 레마로 부딪힐 때 내 삶이 변화되는 것입니다.

사도 바울이 아름다운 복음의 소식을 전하는 사명을 언급한 후에 이처럼 이스라엘 백성들의 복음 거부를 대비해서 언급한 이유는 복음을 전해도 받아들이지 않는 자들이 있다는 것입니다. 거기에 대해 실망하거나 좌절할 이유가 없습니다. 우리가 해야 할 사명은 예수 그리스도의 참 복음을 중단 없이 전파하는 것입니다.

에스겔 2:6~7에 보면 하나님께서 에스겔을 선지자로 부르시면서 이렇게 말씀하셨습니다. "인자야 너는 비록 가시와 찔레와 함께 있으며 전갈 가운데에 거주할지라도 그들을 두려워하지 말고 그들의 말을 두려워하지 말지어다 그들은 패역한 족속이라도 그 말을 두려워하지 말며 그 얼굴을 무서워하지 말지어다 그들은 심히 패역한 자라 그들이 듣든지 아니 듣든지 너는 내 말로 고할지어다" 눈앞의 환경에 속지 말라는 것입니다. 더 나아가 복음 전파 이후에 일어나는 일에 대해 걱정할 이유가 하나도 없다는 것입니다. 여러분이 복음을 전하는데 여러 가지 상황에 너무 신경 쓰다가 기회를 놓치지는 않았습니까? 혹시 거절당하는 것이 두려워 주저하지는 않았습니까? 그들이 받아들이든지 받지 않든지 상관없이 과감하게 복음을 선포하시기 바랍니다. 영생을 주시기로 작정된 자는 다 돌아오게 되어 있습니다.

로마서 10:21에 보면 그렇게 완강한 이스라엘 백성들을 향한 하나님의 가슴을 우리는 느낄 수 있습니다. "이스라엘에 대하여 이르되 순종하지 아니하고 거슬러 말하는 백성에게 내가 종일 내 손을 벌렸노라 하였느니라" 하나님께서는 여전히 이스라엘 백성들이 구원받기를 기다리고 계신다는 사실을 강조하고 있습니다. 지금도 그들을 향해 돌아오라고 하나님께서 손을 벌리고 계신다는 말씀입니다. 여러분 모두가 이런 하나님의 가슴을 품고 끝까지 복음을 전파하는 복음의 전령사가 되시기를 예수 그리스도 이름으로 축복합니다.

237 시대의 남은 자!

로마서 11:1~5

¹그러므로 내가 말하노니 하나님이 자기 백성을 버리셨느냐
그럴 수 없느니라 나도 이스라엘인이요 아브라함의 씨에서
난 자요 베냐민 지파라 ²하나님이 그 미리 아신 자기 백성을
버리지 아니하셨나니 너희가 성경이 엘리야를 가리켜 말한 것을
알지 못하느냐 그가 이스라엘을 하나님께 고발하되 ³주여
그들이 주의 선지자들을 죽였으며 주의 제단들을 헐어 버렸고
나만 남았는데 내 목숨도 찾나이다 하니 ⁴그에게 하신 대답이
무엇이냐 내가 나를 위하여 바알에게 무릎을 꿇지 아니한
사람 칠천 명을 남겨 두었다 하셨으니 ⁵그런즉 이와 같이 지금도
은혜로 택하심을 따라 남은 자가 있느니라

복음으로 결론 낸 자

우리는 지금 237 나라, 5천 종족 복음화를 이루어가는 237 시대를 살아가고 있습니다. 이 시대에 우리가 남은 자로서의 영적 정체성을 가지고 언약적 도전을 해야 합니다. 신학적으로 볼 때 '남은 자'는 구원론적인 용어로서 구원 역사를 성취해 가시는 하나님의 방법을 나타내는 말입니다. 하나님의 약속과 성취는 무리가 아니라, 소수의 남은 자들을 통해서 이루어진다는 것입니다. 결국 하나님의 최고 관심이 남은 자에게 집중되어 있습니다.

남은 자는 한마디로 예수 그리스도, 복음으로 결론 낸 자입니다. 예수 그리스도가 십자가 상에서 다 끝냈다는 언약적 결론을 내면 갈등하고 방황할 이유가 없습니다. 결론이 나지 않았기 때문에 갈등, 방황하는 것입니다. 그리스도로 끝이 났다면 문제, 사건, 위기가 오히려 모든 것을 누릴 수 있는 기회가 됩니다. 예수가 그리스도 인생 모든 문제의 해결자가 되시기 때문입니다. 여러분 스스로가 "나는 237 시대의 남은 자"라는 고백을 할 수 있게 되기를 바랍니다.

은혜로 남은 자

그러므로 내가 말하노니 하나님이 자기 백성을 버리셨느냐 그럴 수 없느
니라 나도 이스라엘인이요 아브라함의 씨에서 난 자요 베냐민 지파라

_로마서 11:1

사도 바울은 로마서 9장부터 11장까지 자기 동족인 이스라엘의 구원 문
제에 대해서 집중적으로 설명했습니다. 하나님의 택한 백성, 선민이라고
그렇게 자부하는 이스라엘 백성들이지만, 정작 하나님께서 인류를 구원
할 메시아를 보내셨음에도 불구하고 인정하지 않았습니다. 오히려 십자
가에 못 박아 죽여 버렸으며, 특히 예수가 그리스도 메시아 되심을 확증
하신 부활 사건을 가리기에 급급했습니다. 예수 그리스도의 십자가 대속
과 부활을 통해 주어진 놀라운 구원의 메시지를 어떻게 해서든 전파되지
못하게 막았고, 예수 믿는 자들에게 온갖 박해를 했습니다. 사실 사도 바
울은 다메섹 사건 이전까지 이런 일을 누구보다도 앞장서서 했던 사람이
었습니다. 그런데 유대교 골수분자요 핍박자였던 자기를 하나님께서 구
원하신 것을 보면 지금도 믿지 않고 거역하고 있는 이스라엘을 버리실 리
가 없다는 것입니다.

그리고 로마서 11:2~4을 보면 바울은 구약시대 엘리야를 그 예로 들어

서 하나님께서 이스라엘을 버리지 않으셨다는 또 하나의 증거를 밝혔습니다. 엘리야가 활동할 당시의 아합왕 시대는 이스라엘 최악의 암흑기였습니다. 바알과 아세라를 섬기던 이세벨을 아내로 맞은 아합은 그녀가 하자는 대로 나라를 다스렸습니다. 그래서 하나님을 섬기던 자들은 최고로 핍박을 받았고, 온 나라를 우상 숭배로 들끓게 했습니다. 이런 상황에서 열왕기상 18장에 보면 엘리야는 단독으로 바알과 아세라 선지자 850명과 여호와가 참 하나님이신지, 바알이 참 하나님이신지 결판을 내는 대결을 했습니다. 송아지 두 마리를 각을 떠서 제단 위에 올려놓고 각자의 하나님 이름을 불러서 불로 응답하는 신이 참 하나님이 되심을 가리자는 것인데, 승부는 뻔했습니다. 엘리야의 완승으로 끝난 후 약속한 대로 바알 선지자들이 몰살을 당했습니다. 이렇게 되자 왕비 이세벨이 엘리야를 죽이기 위해 군대를 동원했고, 엘리야는 이들을 피해 도망치다가 기진맥진해서 더 이상 가지 못하고 로뎀나무 아래에서 하나님께 부르짖었습니다. 그 내용이 다음의 로마서 11:3입니다.

주여 그들이 주의 선지자들을 죽였으며 주의 제단들을 헐어 버렸고 나만 남았는데 내 목숨도 찾나이다 하니 _로마서 11:3

엘리야의 눈에는 이스라엘 백성이 온통 하나님을 떠난 것처럼 보였습니다. 하나님을 섬기는 사람은 자기뿐인 것 같았고, 자기도 언제 죽을지 모르는 백척간두의 운명이라는 것입니다. 이런 절망의 외침에 하나님은 놀라운 답변을 하셨습니다.

그에게 하신 대답이 무엇이냐 내가 나를 위하여 바알에게 무릎을 꿇지
아니한 사람 칠천 명을 남겨 두었다 하셨으니 _로마서 11:4

엘리야의 눈에는 이스라엘 백성 전부가 우상 숭배에 빠진 것처럼 보였
지만 그것이 아니었습니다. 하나님께서 바알에게 무릎 꿇지 않은 7천 명
을 남겨두셨다는 것입니다. 이것이 하나님의 계획이며 하나님의 방법입니
다. 우리가 아무리 사방으로 우겨 싸임을 당하더라도 결코 우리는 혼자가
아닙니다. 영적인 눈을 열고 With, Immanuel, Oneness로 함께하시는
하나님의 놀라운 섭리를 볼 수 있어야 합니다. 바울은 이런 남은 자가 지
금 시대에도 있다는 것입니다.

그런즉 이와 같이 지금도 은혜로 택하심을 따라 남은 자가 있느니라
_로마서 11:5

바울은 엘리야 시대에 하나님께서 7천 명의 언약 잡은 자를 남겨두셨던
것처럼 지금 시대에도 하나님의 언약을 성취하는 데 쓰임을 받을 남은 자
가 예비되어 있다는 것입니다. 특히 이렇게 남은 자는 자기가 남겠다고 해
서 남은 자가 되는 것이 아님을 보여주고 있습니다. 남은 자의 특징은 하
나님의 선택에 의한 것이고 그것은 전적인 하나님의 은혜입니다.

그렇다면 이 시대의 남은 자, 237 시대의 남은 자가 누구입니까? 바로 언약 잡은 여러분임을 놓치지 마시기 바랍니다. 여러분에게 237 나라 5천 종족 복음화라는 천명, 소명, 사명이 주어진 것입니다. 이것이 얼마나 큰 축복이고 은혜인지 정말 실감이 나야 합니다. 어떤 분들은 "아니 내가 어떻게 이런 시대적 미션을 감당할 수 있느냐"고 지레 겁을 먹기도 합니다. "나는 아무 배경도 없고, 무능하고 연약한데 내가 무엇을 할 수 있습니까?"라고 생각하는 분들이 있습니까? 그게 바로 창세기 3장 자기중심입니다. 왜 무능한 여러분을 바라보십니까? 왜 연약한 자신을 바라봅니까? 여러분의 선입견, 편견, 고정관념에서 완전히 벗어나시기 바랍니다.

우리에게는 성삼위 하나님이 함께하시고 하늘 보좌의 축복을 누리는 길이 있습니다. 바로 기도입니다. 우리는 남은 자로서 순례자, 정복자의 길을 가야 합니다. 순례자는 모든 것을 초월할 수 있는 기도의 비밀을 가진 자입니다. 복음의 플랫폼 위에서 기도가 되어질 때 모든 상황을 초월하는 영원의 축복이 임하게 됩니다. 이렇게 되면 자연스럽게 성삼위 하나님이 함께하시고 보좌의 응답을 누리는 정복자의 길을 가게 되는 것입니다.

선교의 남은 자

사도 바울은 로마서 11장의 말씀을 통해 하나님의 구원 스케줄, 하나님의 선교 시간표에 대해 구체적으로 설명하고 있습니다. 자기 동족 구원에 대한 열망이 가득했던 사도 바울은 이스라엘에 먼저 구원의 길이 열렸는데 그것을 받아들이지 않은 자기 동족의 어리석음을 안타까워하면서도 자신과 같이 남은 자가 있음을 먼저 언급했습니다. 하나님께서 은혜로 남은 자를 통해 하나님의 구원 역사를 이루어 가고 계신다는 것입니다. 그리고 이어지는 말씀을 통해 이런 이스라엘 백성들의 복음 거부는 놀랍게도 이방인 구원의 시간표로 이어졌다고 밝혔습니다.

그러므로 내가 말하노니 그들이 넘어지기까지 실족하였느냐 그럴 수 없느니라 그들이 넘어짐으로 구원이 이방인에게 이르러 이스라엘로 시기나게 함이니라 그들의 넘어짐이 세상의 풍성함이 되며 그들의 실패가 이방인의 풍성함이 되거든 하물며 그들의 충만함이리요

_로마서 11:11~12

사도 바울은 자기 동족이 넘어지기까지 실족한 것은 아님을 밝히고 있습니다. '실족'이라는 것은 발을 헛디뎌 비틀거리는 것을 말합니다. 잘못하면 넘어질 수도 있지만 비틀거리다가 바로 설 수도 있는 것이 실족입니다. 이스라엘 백성들이 지금은 완악해서 예수님을 믿지 않고 있지만, 그

것으로 인해 완전히 멸망 받았다고 할 수는 없다는 말입니다. 그러면서 이런 이스라엘의 실족이 오히려 이방인을 구원에 이르게 했다고 말했습니다. 구원의 시간표가 이스라엘에서 이방인으로 옮겨지게 된 것입니다.

사도 바울은 이렇게 유대인들의 복음 거부가 이방인 구원으로 이르게 된 것을 보면서 자기 동족들도 다시 하나님께로 돌아오게 될 것이라고 기대를 했습니다. 앞의 성경 말씀에 나오는 '시기 나게 하다'라는 말은 헬라어로 '파라제로사이'라고 하는데 '회개와 믿음을 일으키는데 가치 있는 자극'을 의미합니다. 이방 사람들이 먼저 예수를 믿게 하신 이유는 이스라엘 백성들을 자극해서 그들을 구원하시기 위한 하나님의 지혜와 섭리라는 것입니다.

형제들아 너희가 스스로 지혜 있다 하면서 이 신비를 너희가 모르기를 내가 원하지 아니하노니 이 신비는 이방인의 충만한 수가 들어오기까지 이스라엘의 더러는 우둔하게 된 것이라 _로마서 11:25

사도 바울은 지금 이스라엘 백성들이 예수 그리스도의 참 복음을 거부하고 있는 것은 아직 구원받기로 작정된 이방인의 수가 다 차지 않았기 때문이라고 밝혔습니다. 이방인의 충만한 수가 들어오기까지 이스라엘의 더러는 우둔하게 되었고, 이것이 하나님의 신비라는 것입니다. 하나님께서 이방인 중에서 구원하시기로 작정하신 인원수가 다 채워지면 자기 동족들이 구원받는 날이 올 것이라는 사실을 바울은 확신하고 있었습니다. 중요한 것은 이방인 중에서 구원받을 자의 총수가 얼마나 되는지를 사도 바울은 알 수 없으며, 이방인 중에서 구원받을 자의 총수는 오직 하나님만이 아십니다. 성경은 이 수를 밝히지 않고 하나님의 신비로 남겨두었습니다.

그래서 바울은 생명 다하는 날까지 일심, 전심, 지속으로 예수 그리스도의 참 복음을 증거했고, 이 사명을 믿음의 아들인 디모데에게 전달했습니다. 사도 바울이 마지막으로 쓴 서신인 디모데후서 4:2에 보면 디모데에게 이렇게 유언적 메시지를 전했습니다. "너는 말씀을 전파하라 때를 얻든지 못 얻든지 항상 힘쓰라" 하나님은 하나님의 구원계획을 완성하시는데 바울처럼, 디모데처럼 우리를 사용하시기 원하십니다. 하나님께서 우리를 237 선교의 남은 자로 부르신 것입니다. 예수 그리스도를 통해 주신 완전 복음의 플랫폼 위에서, 70지역 살리는 남는 자로, 5천 종족 살리는 남을 자로, 237 나라를 파고 들어가는 남길 자로 서야 합니다. 선교 언약의 배턴을 우리의 후대인 렘넌트들이 이어받을 수 있도록 해야 합니다.

놀라운 특권

아프리카 선교의 아버지로 불리는 데이비드 리빙스톤이 이런 고백을 했습니다. "사람들은 내가 아프리카에서 생의 많은 부분을 보낸 것을 두고 희생이라고 말한다. 하지만 그것은 단연코 희생이 아니다. 오히려 특권이라고 말해 주기 바란다." 그렇습니다. 복음을 위한 헌신, 올인, 집중은 희생이 아니라 특권이라는 사실을 우리는 놓쳐서는 안 됩니다. 우리가 237 시대의 남은 자로 부름 받은 것은 놀라운 특권입니다.

우리가 살고 있는 지금 시대에 원색 복음을 깨닫게 해 주시고 우리를 특정해서 이 미션을 주신 것이 얼마나 크고 놀라운 축복입니까? 여러분은 한 분도 빠짐없이 내가 "237 시대의 남은 자"라는 분명한 영적 정체성을 가지고 언약적 도전을 하시기 바랍니다. 하나님께서 분명히 시공간을 초월하는 힘을 주시며, 흑암 문화를 바꾸는 응답을 주실 것입니다. 미래를 살릴 후대 렘넌트가 반드시 세워질 것입니다. 이는 하나님의 계획이기 때문에 하나님께서 반드시 하십니다. 우리는 온전히 따라가면 됩니다. 이를 통해 여러분 모두가 선교의 남은 자로 쓰임 받게 되시기를 예수 그리스도의 이름으로 축복합니다.

우리가 드릴 영적 예배!

로마서 12:1~2

[1] 그러므로 형제들아 내가 하나님의 모든 자비하심으로
너희를 권하노니 너희 몸을 하나님이 기뻐하시는 거룩한
산 제물로 드리라 이는 너희가 드릴 영적 예배니라
[2] 너희는 이 세대를 본받지 말고 오직 마음을 새롭게 함으로
변화를 받아 하나님의 선하시고 기뻐하시고 온전하신 뜻이
무엇인지 분별하도록 하라

예배의 중요성

로마서는 크게 두 부분으로 나눌 수 있습니다. 1장에서 11장까지는 구원에 대한 교리에 다양하게 접근했다면 12장부터는 실제 생활에 적용하는 부분이라고 볼 수 있습니다. 로마서 1장에서 "오직 의인은 믿음으로 말미암아 살리라"는 이신칭의(以信稱義)를 선포한 사도 바울은 11장에서 "만물이 주에게서 나오고 주로 말미암고 주에게로 돌아감이라"는 하나님의 절대 주권을 고백하면서 구원에 대한 교리 부분을 마무리했습니다. 창세기 3장에서 발생한 첫 사람 아담의 범죄로 인해 죄인 된 인간은 유일한 구원의 길 되시는 예수 그리스도를 믿음으로써만 죄 사함을 받고 의롭다 함을 얻을 수 있으며, 이는 어떤 인간의 노력이나 행위로 되어지는 것이 아니라 하나님의 절대 은혜로 된 것임을 강조하였습니다.

그리고 이어지는 12장부터 16장까지의 말씀은 이런 하나님의 은혜를 통해 구원의 축복을 받은 자들이 삶의 현장에서 어떻게 살아가야 하는지를 구체적으로 권면하고 있습니다. 로마서 12:1~2는 이러한 전체 내용의 서론인 동시에 핵심입니다. 바울은 로마서 12장을 '그러므로'라는 접속사로 시작했습니다. 바울은 로마서에서 큰 흐름을 바꿀 때와 결론을 내릴 때 이 단어를 사용했습니다. 특히 로마서 12장의 '그러므로'는 1장부터

11장까지의 말씀을 다 받고 있는 것이기 때문에 아주 중요합니다.

로마서 11장까지 사도 바울은 구원의 교리와 믿음에 대해 다양한 각도로 접근했습니다. 한 사람도 예외없이 모두가 다 죄인인 인간은 스스로 할 수 있는 것이 아무것도 없습니다. 그래서 하나님이 예수님을 보내셨고 십자가의 대속과 부활을 통해 모든 죄 문제를 완벽하게 해결하셨습니다. 그 결과 로마서 5장에서 우리는 하나님과 화목하게 되었고, 로마서 6장에서 예수님과 연합된 존재가 되었으며, 로마서 7장에서는 참 자유함을 얻었음을 강조했습니다. 우리가 여전히 죄를 지을 수 있지만, 하나님의 은혜가 더욱 크다는 것입니다.

그리고 로마서 8장에서 우리의 연약함을 도우시는 성령의 역사, 그리스도 예수 안에 있는 자에게는 결코 정죄함이 없으며, 그 어떤 것도 우리를 그리스도 예수 안에 있는 하나님의 사랑에서 끊을 수 없다는 멋진 고백을 했습니다. 로마서 9~11장까지는 이 구원이 믿는 모든 사람에게 임하는데 궁극적으로 자신을 대적하고 핍박하는 유대인들에게까지 이를 것이라고 소망했습니다. 하나님의 은혜와 부르심에는 결코 후회가 없다는 것으로, 신비로운 구속사 성취에 있어서 모든 것을 합력하여 선을 이루실 하나님을 기대하면서 마무리를 했습니다.

그리고 로마서 12장을 '그러므로'라고 시작하면서, 앞으로 이런 삶을 살라는 것인데 사도 바울이 강조한 것은 놀랍게도 예배입니다. "너희 몸을 하나님이 기뻐하시는 거룩한 산 제물로 드리라 이는 너희가 드릴 영적 예배니라" 결과적으로 예배까지 오려고 그렇게 길게 말해 왔던 것입니다. 우리가 신학적으로 자세하게 접근하지 않았기 때문에 모를 수 있지만 로마서 11장까지의 말씀 속에는 인간론, 기독론, 성령론, 구원론에 대한 메시지로 가득 차 있습니다. 그런데 이런 모든 신학과 교리와 믿음이 한 가지 목표를 지향하고 있습니다. 바로 영적 예배입니다.

영적으로 타락해가는 신앙인의 현실을 깊숙이 들여다보고 타협 없이 하나님의 말씀을 강력하게 선포해서 이 시대의 선지자로 불렸던 A. W. 토저 목사는 예배의 중요성에 대해 강조하는 말을 많이 했습니다. 그는 "예배는 복음주의 교회에서 되찾아야 할 잃어버린 보석이다. 그리스도인들의 모든 실패는 예배의 영광을 경험하지 못한 데서 기인한다. 하나님께서 사람을 부르셔서 먼저 예배자로 만드시고 그 후에 일하는 자로 만드신다." 라고 역설했습니다. 하나님이 받으시는 참된 예배가 상실된 것이 지금 시대의 안타까운 현실이라는 것입니다. 예배에 성공하느냐 그렇지 못하느냐가 사역과 우리의 신앙생활을 좌우합니다. 한마디로 예배가 인생의 최우선 순위가 되어야 하는 것입니다.

하나님이 기뻐하시는 산 제물

> 그러므로 형제들아 내가 하나님의 모든 자비하심으로 너희를 권하노니
> 너희 몸을 하나님이 기뻐하시는 거룩한 산 제물로 드리라 이는 너희가
> 드릴 영적 예배니라 _로마서 12:1

 사도 바울은 구원받은 것이 어떤 인간의 행위나 노력으로 되는 것이 아니라 오직 예수 그리스도를 믿음으로 의롭게 된다고 하는 놀라운 구원의 진리를 깨달았다면, 그 삶이 어떻게 바뀌어야 하는가에 대한 것으로 로마서 12장을 시작했습니다. 우리가 예수 그리스도를 믿고 난 후 제일 먼저 일어나는 놀라운 변화는 우리 몸이 하나님의 성전이 된다는 것입니다. 예수 그리스도를 영접한 순간 그리스도의 영인 성령께서 우리 안에 임재하시고 내주하시게 되어 있습니다. 과거에는 창세기 3장, 6장, 11장의 세상 풍조를 따라 살았지만, 이제는 이러한 옛 체질에서 벗어나 하나님께 영광을 돌리는 삶으로 변화가 되어야 합니다. 이것이 하나님이 기뻐하시는 거룩한 산 제물이 되는 삶입니다.

 사도 바울은 로마서 6:13에 "너희 지체를 불의의 무기로 죄에게 내주지 말고 오직 너희 자신을 죽은 자 가운데서 다시 살아난 자 같이 하나님께 드리며 너희 지체를 의의 무기로 하나님께 드리라"고 이미 밝힌 바 있

습니다. 고린도전서 6:19~20에도 보면 "너희 몸은 너희가 하나님께로부터 받은 바 너희 가운데 계신 성령의 전인 줄을 알지 못하느냐 너희는 너희 자신의 것이 아니라 값으로 산 것이 되었으니 그런즉 너희 몸으로 하나님께 영광을 돌리라"고 강조하고 있습니다. 우리는 값없이 구원을 받았지만, 그 구원은 예수 그리스도의 십자가 대속이라는 값비싼 대가를 치르고 우리에게 은혜로 주신 것입니다. 그 은혜에 감사한다면 우리의 삶이 구원받은 자답게 하나님을 기쁘시게 하는 의의 무기로서의 삶으로 바뀌어야 합니다.

특히 "너희 몸을 하나님이 기뻐하시는 거룩한 산 제물로 드리라"고 하는 말씀은 우리의 삶 전부를 하나님께 드리라는 의미입니다. 여기서 몸은 헬라어로 '소마'라고 하는데 우리가 가지고 있는 육체적인 몸뿐만 아니라 우리의 전 존재를 의미합니다. 우리가 가지고 있는 모든 소유물, 우리의 꿈과 계획, 우리의 자녀까지도 다 포함되어 있습니다. 한마디로 우리의 모든 생활 영역에서 하나님이 기뻐하시는 삶을 살라는 것입니다. 우리의 몸을 사용해서 하는 모든 일이 하나님께 드려져야 합니다. 바울은 이런 삶이 우리가 드릴 영적 예배라고 했습니다.

여기서 '영적'이라는 표현은 헬라어로 '로기코스'라고 하는데 합리적이라는 뜻입니다. 그러면 무엇이 합리적이고 합당한 것입니까? 하나님이 베푸신 놀라운 긍휼과 자비를 생각한다면 나의 전부를 바치는 것이 합리적이라는 것입니다. 독생자를 버리기까지 나에게 베푸신 하나님의 놀라운 은혜와 사랑을 생각한다면 내 삶의 모든 영역을 하나님이 기뻐하시게 드리는 것이 지극히 마땅하다는 말씀입니다. 사도 바울은 이런 당연성의 이유를 가지고 매 예배에 성공하는 것이 거룩한 산 제물이 되는 것임을 강조했습니다.

특히 로마서 12장에서 우리가 드릴 '영적 예배'라고 예배에 대해서 강조한 것은 그 반대로 영적이지 않은 예배가 있다는 것을 말합니다. 하나님이 기뻐하시는 예배가 따로 있다는 것입니다. 구약성경에 보면 하나님이 기뻐하시지 않는 제사와 예배에 대한 내용이 이사야서, 예레미야서, 아모스서, 호세아서, 미가서 등에 많이 나옵니다. 이 가운데 이사야 1장을 보면 이스라엘이 왜 국가적인 큰 위기에 처했는가를 진단하는 것으로 시작합니다. 당시 상황을 보면 이스라엘이 정치, 경제, 외교적으로 실패한 것이 아니라, 이스라엘 백성의 예배가 무너졌기 때문에 총체적으로 난국 속에 빠진 것이라고 진단했습니다.

당시 이스라엘 백성이 예배드리는 자세를 요약한 내용이 이사야 1:12에 나옵니다. "너희가 내 앞에 보이러 오니 이것을 누가 너희에게 요구하였느냐 내 마당만 밟을 뿐이니라" 하나님께 예배드린다고 하면서 모든 것이 형식화, 종교화되었다는 것입니다. 이어지는 내용을 보면 하나님의 말씀이 삶에 하나도 적용되지 못하는 현실을 보시면서 하나님께서는 더 이상 견디지 못하겠다는 말씀까지 하셨습니다.

이 말씀은 우리가 사는 지금 이 시대를 향한 메시지이기도 합니다. 우리가 코로나19 팬데믹을 거치면서 인터넷을 통해서 예배를 드리는 것에 익숙해져 있습니다. 이것은 비상 상황에 대한 대책이었지 본질은 아닙니다. 하나님 앞에 결코 합당한 것이 아닙니다. 몸이 아프거나 교회에 올 수 없는 부득이한 상황에서는 그렇게라도 하는 것이 필요하지만, 예배당에 올 수 있는 상황 속에서도 그렇게 한다면 하나님이 기뻐하시겠습니까?

일상으로의 회복이 이루어지고 있는 지금, 영적으로의 회복은 더 시급하게 이루어져야 합니다. 초대교회 성도들의 카타콤 생활, 청교도의 신대륙 이주 등은 전부 다 하나님 앞에 온전한 예배를 드리기 위함이었습니다. 이들은 생명을 걸고 예배를 사모했습니다. 주일예배가 우리 삶의 기초가 되어 나머지 6일은 예배의 은혜로 살아가는 것이 너무나 중요합니다. 함께 모여 하나님께 예배드리고, 훈련받고, 교제 나누는 것을 하나님께서 가장 기뻐하십니다. 성삼위 하나님과 With, Immanuel, Oneness를 이루는 축복을 예배를 통해 체험하시기 바랍니다.

분별력 있는 변화의 삶

너희는 이 세대를 본받지 말고 오직 마음을 새롭게 함으로 변화를
받아 하나님의 선하시고 기뻐하시고 온전하신 뜻이 무엇인지
분별하도록 하라 _로마서 12:2

사도 바울은 하나님이 기뻐하시는 거룩한 산 제물, 영적 예배자의 삶을
살기 위한 구체적인 원칙을 밝히고 있습니다. 원문에는 '하지 말 것과 해
야 할 것'에 대한 두 가지 명령문으로 되어 있는데, 우리 성경 번역을 보면
세 가지 의미로 나타나 있습니다. 첫째는 "이 시대를 본받지 말고"라고 했
습니다. 창세기 3장, 6장, 11장의 자기중심, 물질 중심, 세상 성공 중심의
삶에 매몰되지 말라는 것입니다. 오직 그리스도, 오직 하나님 나라, 오직
성령 충만의 삶으로 각인, 뿌리, 체질화되어야 한다는 것입니다.

두 번째로 바울은 "마음을 새롭게 함으로 변화를 받고"라고 말했습니
다. 우리의 마음속에 있는 잘못 각인된 것을 변화시켜야 한다는 것입니
다. 우리 마음속에 잠재되어 있는 상처의 쓴 뿌리들이 치유되어야 올바
른 응답 속으로 들어가게 됩니다. 이것이 제거되지 않으면 계속해서 응답
을 받는 데 걸림돌로 작용하기 때문에 강단의 말씀을 통해 여러분의 마
음과 생각을 계속해서 치유받기를 바랍니다. 특히 "변화를 받고"라는 말

은 원어로는 현재 수동태형으로 되어 있습니다. 이것은 변화의 주체는 성령이고, 성령 인도를 받기 위해 기도를 해야 한다는 것입니다. 그리고 그것을 지속해야 한다는 의미를 담고 있습니다. 그래서 24 기도가 중요합니다. 24시 영적으로 성삼위 하나님과 소통이 될 때, 나를 뛰어넘고 시공간을 초월하는 Heavenly Power를 체험하며 보좌화의 축복을 누리는 25시, 영원의 단계로 나아가게 됩니다.

바울은 마지막으로 "하나님의 선하시고 기뻐하시고 온전하신 뜻이 무엇인지 분별하도록 하라"라고 말했습니다. 하나님의 선하시고, 기뻐하시고, 온전하신 뜻이 무엇입니까? 바로 여러분의 변화된 삶을 통해 다른 영혼이 살아나는 것이며, 그 출발점이 바로 강단입니다. 여러분이 한 주간 강단의 말씀을 통해 하나님이 주시는 복음의 축복을 누리게 되면 삶의 현장에서 그 영적 영향력이 나타나게 되어 있습니다.

"Out of sight, Out of mind."라는 말이 있습니다. "눈에 보이지 않으면 마음도 멀어지고 곧 잊혀진다."는 뜻입니다. 우리의 영적인 삶도 그렇습니다. 우리가 예배의 자리에 함께할 때 언약적 삶을 살 수 있습니다. 그래서 지금 이 자리가 너무 중요합니다. 사실 한두 번 예배의 자리를 놓치면 어색해지고, 어느 순간 영적으로 퇴보하게 됩니다. 예배를 통해 언약의 흐름을 함께 타야 하는 것입니다. 여러분, 강단의 흐름을 24시간 놓치지 말고 분별력 있는 변화의 삶을 살아가시기 바랍니다.

예배의 은혜

영성운동가 베니 존슨(Ben Johnson)의 「중보자, 하늘을 만나다」라는 책에 나오는 이야기입니다. 심한 우울증에 빠져있던 청년이 있었습니다. 그는 절박한 심정으로 하나님의 도우심을 바랐습니다. 어느 날 기도하며 울부짖고 있는 그에게 하나님의 말씀이 임했습니다. "앞으로 일 년 동안 예배에 집중해 보아라." 기도 가운데 깨닫게 하신 그 음성대로 그는 모든 예배에 정말 중심을 다해 참석하면서 1년을 보냈습니다. 어떻게 되었겠습니까? 청년은 오랫동안 자신을 사로잡고 있던 우울증에서 벗어났습니다. 예배를 통해 치유가 일어나는 기적을 체험한 것입니다.

삶에 변화가 일어나지 않는다면 그 원인이 예배에서 비롯되었음을 깨달아야 합니다. 변화의 출발점은 예배입니다. 예배드리는 자리가 늘 설레고 기대가 되어야 합니다. 모든 예배 순서에 감동과 감격이 넘치고, "아멘, 아멘"이 흘러나와야 합니다. 하나님이 기뻐하시는 영적 예배가 우리 인생의 구심점이며 동력이 되어야 하는 것입니다. 여러분 모두가 예배가 이끄는 생명적 역동의 삶을 통해, 삶의 현장에까지 예배의 은혜가 임하게 되시기를 예수 그리스도의 이름으로 축복합니다.

그리스도 안에서 한 몸된 지체!

로마서 12:3~8

³내게 주신 은혜로 말미암아 너희 각 사람에게 말하노니
마땅히 생각할 그 이상의 생각을 품지 말고 오직 하나님께서
각 사람에게 나누어 주신 믿음의 분량대로 지혜롭게 생각하라
⁴우리가 한 몸에 많은 지체를 가졌으나 모든 지체가 같은
기능을 가진 것이 아니니 ⁵이와 같이 우리 많은 사람이 그리스
도 안에서 한 몸이 되어 서로 지체가 되었느니라 ⁶우리에게 주신
은혜대로 받은 은사가 각각 다르니 혹 예언이면 믿음의
분수대로, ⁷혹 섬기는 일이면 섬기는 일로, 혹 가르치는 자면
가르치는 일로, ⁸혹 위로하는 자면 위로하는 일로, 구제하는
자는 성실함으로, 다스리는 자는 부지런함으로, 긍휼을
베푸는 자는 즐거움으로 할 것이니라

예배의 중요성

　로마서의 말씀을 통해 우리는 신앙적으로 크게 두 가지 질문에 대한 답을 얻을 수 있습니다. 하나는 "어떻게 하면 구원을 얻을 수 있는가?"이고, 다른 하나는 "구원받은 백성이 도대체 이 땅에서 어떻게 살아야 할 것인가?"입니다. 사도 바울은 로마서 1장부터 11장까지의 말씀을 통해 구원은 오직 하나님의 복음인 예수 그리스도를 통해서만 가능하다는 사실을 강조했습니다. 이스라엘 백성이 생명을 걸고 지키려고 했던 율법 준수가 절대 구원의 조건이 아니라, 오직 예수 그리스도의 십자가 대속과 부활을 통해서 열린 구원의 길로 들어서야만 된다는 것입니다. 이것은 우리의 행위나 노력이 아니라 하나님의 절대 은혜이며, 오직 믿음으로 주어지는 것임을 다양한 각도로 강조했습니다.

　그리고 로마서 12장부터는 구원받은 하나님의 자녀가 어떻게 살아가야 하는지, 그 실천에 대한 답을 주고 있습니다. 로마서 12장을 시작하면서 사도 바울은 우리의 몸을 하나님이 기뻐하시는 거룩한 산 제물로 드리는 것이 이런 실천의 대전제임을 선포했습니다. 우리가 하나님의 기쁨이 되는 삶은 예배로부터 시작됩니다. 그래서 강단과의 Oneness가 중요하며 더 나아가 우리의 삶 자체가 하나님께 드리는 예배가 되어야 합니다. 한마디로 예배 24가 되어야 합니다.

예배는 우리 인생의 영적 스프링보드와 같습니다. 스프링보드는 다이빙 경기를 할 때 선수들이 사용하는 도약대를 말합니다. 스프링보드는 탄력성이 있어서 선수들이 스프링보드를 이용해 점프를 높게 하여 공중에서 각종 아름다운 곡예 동작을 수행한 후에 입수할 수 있는 것입니다. 예배는 우리 인생의 스프링보드, 영적인 도약대와 같습니다. 예배에서 선포되는 강단 말씀을 바탕으로 삶의 현장에서 생명력 넘치는 삶을 연출할 수 있게 되는 것입니다. 그런데 그런 도약대가 없으면 자기 스스로 뭔가를 해야 하므로 인본주의를 쓸 수밖에 없습니다. 그래서 창세기 3장의 자기중심적 삶이 그대로 나타나게 됩니다. 예배를 드릴 때 성삼위 하나님이 주시는 보좌화의 축복을 체험하게 되고, Heavenly Power를 가지고 삶의 현장에서 Heavenly Mission을 멋지게 실현하는 것입니다. 그래서 예배 하나로 다 끝이 난다는 사실을 놓치지 말아야 합니다.

사도 바울은 로마서 12:3~8에서 이런 예배 성공을 위해 어떤 삶을 살아야 할지 구체적인 실천 내용에 대해서 언급하고 있습니다. 우선 교회 안에서의 생활을 어떻게 해야 하는지를 가르쳐 주고 있습니다. 바울이 말하고자 하는 핵심은 하나님께서 각 사람에게 나눠주신 믿음의 분량대로 지혜롭게 생각하고 행동하며, 이런 행동을 할 때 무엇보다 서로가 그리스도 안에서 한 몸 된 지체라는 사실을 분명히 붙잡고 있어야 한다는 사실을 강조합니다. 모든 성도들이 그리스도 안에서 Oneness를 이룰 때 교회 공동체가 힘을 얻고 흑암 문화 가득한 세상을 변화시켜 나갈 수 있게 되는 것입니다.

모두가 필요한 존재

내게 주신 은혜로 말미암아 너희 각 사람에게 말하노니 마땅히 생각할
그 이상의 생각을 품지 말고 오직 하나님께서 각 사람에게 나누어 주신
믿음의 분량대로 지혜롭게 생각하라 _로마서 12:3

사도 바울은 교회 안에서의 생활을 지혜롭게 하려면 중요한 것이 하나님이 주신 은혜와 믿음의 분량을 따라 하는 것임을 밝혔습니다. 바울은 우선 "내게 주신 은혜로"라는 표현을 사용하여 하나님의 은혜에 대한 감사 의식이 모든 신앙생활의 바탕에 깔려 있어야 함을 강조했습니다. 바울이 보낸 서신서의 공통점을 보면 그가 은혜라는 표현 사용하기를 즐겼음을 알 수 있습니다. 내가 나 된 것은 하나님의 전적인 은혜라는 은혜 의식이 그의 삶을 지배하는 원리였습니다. 여기서부터 시작했기에 바울은 전혀 흔들림 없이 일평생 일심, 전심, 지속으로 사역할 수 있었습니다. 우리

의 신앙생활도 마찬가지로, 내가 구원을 받은 것도, 지금 이 자리에 있는 것도 전부 다 하나님의 은혜라는 사실을 인식하는 것에서부터 변화와 성장이 일어나게 됩니다.

바울은 이런 은혜 의식에 뿌리내린 사람의 특징을 한 가지 밝히고 있습니다. 그것은 마땅히 생각할 그 이상의 생각을 품지 않는다는 것입니다. 이 말은 쉽게 말해 주제 파악을 잘해야 한다는 말입니다. 그리고 끝 부분의 "지혜롭게 생각하라"는 말은 감정적으로 생각하지 말고 합리적으로 생각하라는 의미가 있습니다. 그렇다면 주제넘은 생각은 무엇입니까? 이것은 모든 주도권이 자기에게 있다는 생각입니다. 항상 주어가 나로 시작하는 창세기 3장 자기중심적 삶을 사는 것입니다.

이사야 14:13~14에 보면 사탄이 품었던 생각에 대해 나옵니다. "내가 하늘에 올라 하나님의 뭇 별 위에 내 자리를 높이리라 내가 북극 집회의 산 위에 앉으리라 가장 높은 구름에 올라가 지극히 높은 이와 같아지리라" 전부 다 나 중심입니다. 내가, 내가 하다가 결과적으로 어떻게 되었습니까? 15절에 답이 나옵니다. "그러나 이제 네가 스올 곧 구덩이 맨 밑에 떨어짐을 당하리로다" 나 중심의 삶은 결과적으로 패망입니다. 우리가 속지 말아야 합니다. 사탄이 교회 안의 Oneness를 깨는 가장 핵심적인 전략이 나 중심의 생각을 가지게 만드는 것입니다. 그것이 바로 마땅히 생각할 그 이상의 생각을 품는 것이고 패망의 지름길이 되는 것입니다. 우리는 달라야 합니다. 우리는 오직 그리스도가 되고, 오직 하나님 나라가 되어야 하며, 오직 성령 충만함을 받아야 합니다.

예수님께서도 친히 이런 모습을 사실적으로 보여주셨습니다. 마가복음 14:36의 예수님께서 십자가를 지시기 전에 겟세마네 동산에서 드리신 기도에 잘 나타나 있습니다. "아빠 아버지여 아버지께는 모든 것이 가능하오니 이 잔을 내게서 옮기시옵소서 그러나 나의 원대로 마시옵고 아버지의 원대로 하옵소서" 그 고통이 얼마나 끔찍한지 아시기 때문에 인간적인 생각은 할 수만 있으면 십자가를 피하고 싶으셨습니다. 그런데 예수님은 자기 뜻이 아니라 하나님의 뜻을 구했습니다.

여러분, 하나님의 놀라운 은혜를 받은 사람은 하나님의 뜻과 계획 속으로 무조건 직진하게 되어 있습니다. 하나님의 뜻이라면 무엇이든지 받아들이게 됩니다. 많은 분들이 평안을 원하는데 나 중심이 되면 절대 평안할 수 없습니다. 어느 누가 나의 비위를 맞춰줄 수 있겠습니까? 자신이 원하는 만큼 상대방이 인정해주지 않기 때문에 불평 속에 살 수밖에 없는 것입니다. 여러분 속에 평안함이 없다면, 나 자신이 마땅히 생각할 그 이상의 생각을 품고 있다고 진단하시면 됩니다. 속지 말고 하나님의 말씀이 이끄는 삶을 살아야 참 평안, 참 기쁨, 참 감사, 참 행복이 따르게 되어 있습니다.

우리가 한 몸에 많은 지체를 가졌으나 모든 지체가 같은 기능을 가진 것
이 아니니 이와 같이 우리 많은 사람이 그리스도 안에서 한 몸이 되어
서로 지체가 되었느니라 _로마서 12:4~5

교회를 가리켜 흔히 공동체라고 말합니다. 이 말은 예수 그리스도를 중심으로 각양각색의 사람들이 모여 있기 때문입니다. 바울은 앞의 성경 말씀에서 이렇게 교회의 각 구성원들은 예수 그리스도를 머리로 한 몸 된 존재라는 사실을 강조하면서 각 성도들을 지체라고 표현하고 있습니다. 예수 그리스도를 중심으로 한 몸 공동체라는 것입니다. 특히 한 몸에 많은 지체를 가졌지만 각 지체가 같은 기능을 가진 것이 아니라 모두 다르다는 사실을 강조했습니다. 몸의 각 지체는 모두가 필요해서 있는 것처럼 교회 안에서도 모든 지체가 다 필요하며 서로 잘났다고 할 이유가 전혀 없다는 것입니다. 처음 믿었다고 해서 자신을 과소평가할 필요도 없고, 오래 교회 다녔다고 해서 과대평가해서도 안 된다는 것입니다.

"군자는 화이부동(和而不同)하고, 소인은 동이불화(同而不和)한다."라는 말이 있습니다. 군자는 서로 다름을 인정하고 화합하지만, 소인은 서로 같은 듯 무리 지어 다니지만 하나가 되지 못한다는 뜻입니다. 소인은 문제와 사건 앞에서 이해관계에 따라 불협화음을 일으키고 하나가 되

지 못하지만, 군자는 그렇지 않다는 중요한 의미가 담겨 있습니다. 우리는 군자와 같이 영적인 큰 자가 되어야 합니다. 서로 다름을 인정하면서 Oneness를 이루는 삶을 살아야 합니다. 단순히 인간적인 의지로 이렇게 살 수 있는 것이 아닙니다. 우리가 예수 그리스도 안에서 한 몸 된 지체라는 의식을 가지고 있으면 자연스럽게 Oneness되는 응답을 맛볼 수 있습니다. 우리는 교회 안에서 이런 한 몸 된 지체 의식을 가지고 서로 섬기고 세워가며 신앙생활을 해 나가야 하는 것입니다.

각각 다른 은사

우리에게 주신 은혜대로 받은 은사가 각각 다르니 혹 예언이면 믿음의 분수대로, 혹 섬기는 일이면 섬기는 일로, 혹 가르치는 자면 가르치는 일로, 혹 위로하는 자면 위로하는 일로, 구제하는 자는 성실함으로, 다스리는 자는 부지런함으로, 긍휼을 베푸는 자는 즐거움으로 할 것이니라

_로마서 12:6~8

바울은 성도들을 몸의 한 지체로 표현한 후 그 지체들이 각각 다른 은사를 가지고 있음을 밝히고 있습니다. 교회 안에는 많은 사람이 있지만 다 똑같은 일을 하는 것이 아니라는 것입니다. 하나님께서 우리를 천편일률적으로 만들지 않으시고 각 사람의 특성과 체질에 따라 각각 다른 은

사를 주서서 하나님의 일을 감당하게 하심을 볼 수 있습니다. 하나님께서 여러분에게 주신 Heavenly Talent가 다 있는 것입니다.

바울은 예언, 섬기는 일, 가르치는 일, 위로하는 일, 구제하는 일, 다스리는 일, 긍휼 베푸는 일 등 다양한 은사를 나열하고 있습니다. 예언하는 것은 미래를 말하는 것이 아니라, 말씀의 은사를 의미합니다. 하나님의 말씀을 다른 사람보다 잘 깨닫고 잘 해석하고 잘 선포하는 은사를 받은 사람이 있습니다. 주로 목회자들이 이런 은사를 받은 사람들이고, 교회의 각종 모임을 은혜롭고 재미있게 잘 인도하는 분들도 이런 은사를 받은 분들입니다.

또 섬기는 은사가 있는 분들이 있습니다. 저는 교회의 주차장이나 식당에서 봉사하는 분들을 볼 때에 참으로 섬기는 은사가 있는 분들이라 생각합니다. 또 가르치는 일은 교육의 은사를 의미하고, 위로하는 일은 상담의 은사를 뜻합니다. 바나바와 같이 격려에 능한 사람이 이런 은사 받은 사람이고, 교회에서 새가족 사역을 하는 데 큰 힘이 발휘됩니다. 다스리는 자는 리더십의 은사를 가진 사람을 의미하고, 구제, 긍휼을 베푸는 봉사적인 은사가 있는 사람들도 있습니다.

이처럼 하나님께서는 우리에게 각각 다른 은사를 주셨습니다. 이런 은사를 발견하는 쉬운 방법이 있습니다. 여러분이 신앙생활을 하면서 재미있고 즐겁게 지속이 되는 분야의 사역이 바로 은사입니다. 중요한 것은 로마서 12:8에서 강조하고 있듯이 이런 은사를 발견해서 성실함과 부지런함과 즐거움으로 섬기는 삶을 살면 되는 것입니다. 여러분, 여러분에게 주신 은사 Heavenly Talent를 사실적으로 발견하고 사용하시기를 바랍니다.

교회가 나아가는 방향에 맞추는 삶

세계 축구하면 영국의 프리미어 리그를 첫 손가락에 꼽습니다. 그런데 여기서 우리나라 손흥민 선수가 득점왕에 올랐습니다. 아시아 선수로서는 최초로 유럽의 5대 리그에서 득점왕에 오르는 놀라운 일을 이룬 것입니다. 사실 마지막 경기를 앞두고 손흥민 선수는 부담이 컸었습니다. 소속 팀인 토트넘이 유럽 챔피언스 리그에 진출하기 위해서는 꼭 이겨야 하는 경기였고 자신도 득점왕에 도전하는 마지막 경기였기 때문입니다. 손흥민 선수는 부담감과 함께 상대 골키퍼의 선방에 걸려 결정적인 기회를 여러 차례 놓치자 오늘은 자신의 날이 아니라고 생각하면서 득점왕이 되려는 생각을 내려놓으려 했다고 합니다. 그런데 토트넘 동료 선수들이 계속해서 동기 부여를 해주었고, 어떻게 해서든지 손흥민 선수를 득점왕으로 만들기 위해 모든 노력을 다해주었습니다.

그 결과 후반 25분에 교체 투입된 모우라 선수가 기가 막힌 원터치 패스를 해주었는데 그것이 첫 번째 골로 연결된 것입니다. 이것을 기폭제로 5분 후에 멋진 2번째 골을 기록했고 결국 득점왕에 올랐습니다. 사실 모우라 선수는 원터치 패스를 하지 않고 드리블로 치고 들어가는 선수로 유명합니다. 그런데 그는 교체 투입되면서 손흥민에게 이렇게 말했다고 합니다. "걱정하지 마라. 내가 도와주겠다." 그리고 들어가자마자 결정적 패스를 한 것입니다. 비단 모우라뿐만 아니라 토트넘 모든 선수들이 완전 Oneness를 이루어 손흥민을 밀어주었습니다. 토트넘 감독은 결과적으로 토트넘이 챔피언스 리그에 진출하고, 손흥민도 득점왕에 오르면서 두 마리 토끼를 다 잡았다고 말했습니다.

저는 이런 상황을 보면서 신앙생활하는 우리의 모습이 이래야 한다고 생각했습니다. 교회가 나아가는 방향에 완전 Oneness가 되어 움직이는 모습, 창세기 3장의 자기중심적 생각에서 완전히 탈피하여 교회 안에서 한 몸 된 지체를 어떻게 해서든 세워가려는 모습, 이런 모습들이 교회 공동체에 흘러넘칠 때 하나님께서 우리에게 주신 사명을 실현해 나갈 수 있게 되는 것입니다. 이러한 신앙생활을 통해 여러분 모두가 어떤 상황과 환경 속에서도 언약적 도전을 이어 나감으로써 237 나라, 5천 종족 복음화의 주역으로 당당히 서게 되시기를 예수 그리스도의 이름으로 축복합니다.

선으로 악을 이기는 지혜자!

로마서 12:9~21

9사랑에는 거짓이 없나니 악을 미워하고 선에 속하라

10형제를 사랑하여 서로 우애하고 존경하기를 서로 먼저 하며

11부지런하여 게으르지 말고 열심을 품고 주를 섬기라

12소망 중에 즐거워하며 환난 중에 참으며 기도에 항상 힘쓰며

13성도들의 쓸 것을 공급하며 손 대접하기를 힘쓰라

14너희를 박해하는 자를 축복하라 축복하고 저주하지 말라

15즐거워하는 자들과 함께 즐거워하고 우는 자들과 함께 울라

16서로 마음을 같이하며 높은 데 마음을 두지 말고 도리어 낮은
데 처하며 스스로 지혜 있는 체 하지 말라 17아무에게도
악을 악으로 갚지 말고 모든 사람 앞에서 선한 일을 도모하라

18할 수 있거든 너희로서는 모든 사람과 더불어 화목하라

19내 사랑하는 자들아 너희가 친히 원수를 갚지 말고
하나님의 진노하심에 맡기라 기록되었으되 원수 갚는 것이
내게 있으니 내가 갚으리라고 주께서 말씀하시니라

20네 원수가 주리거든 먹이고 목마르거든 마시게 하라
그리함으로 네가 숯불을 그 머리에 쌓아 놓으리라

21악에게 지지 말고 선으로 악을 이기라

하나님과의 관계 회복

사도 바울은 로마서 12장 말씀을 통해 구원받은 하나님 자녀가 이 땅에서의 삶을 통해 어떻게 하나님의 뜻과 계획인 생명 살리는 일에 참된 승리를 맛볼 수 있는가를 구체적으로 밝히고 있습니다. 로마서 12장을 시작하면서 사도 바울은 먼저 우리의 삶이 예배에 성공하는 삶이 되어야한다는 대전제를 밝혔습니다. "너희 몸을 하나님이 기뻐하시는 거룩한 산제물로 드리라 이는 너희가 드릴 영적 예배니라" 공적 예배뿐만 아니라 우리 삶 자체가 예배가 되어야 합니다. 강단의 말씀을 붙잡고 삶의 현장에서 영적 영향력을 입히는 삶을 사는 것이 성경적 신앙생활입니다. 이어서 사도 바울은 교회 안에서의 삶에 대해 언급하면서 무엇보다 그리스도 안에서 한 몸 된 지체 의식을 가지는 것이 중요하다는 것을 강조했습니다. 그리고 이런 영적 바탕 위에 구체적인 실천사항을 추가적으로 밝혔는데 그 핵심이 관계 회복입니다.

신앙생활은 하나님과의 일대일 관계가 회복되는 것으로부터 출발합니다. 로마서 5:10에 보면 "곧 우리가 원수 되었을 때에 그의 아들의 죽으심으로 말미암아 하나님과 화목하게 되었은즉 화목하게 된 자로서는 더욱 그의 살아나심으로 말미암아 구원을 받을 것이니라"라고 되어 있습니다.

창세기 3장 사건으로 인해 형벌의 저주 가운데 빠져있던 인간에게 하나님은 놀라운 사랑과 은혜를 베푸셨습니다. 그것이 바로 예수 그리스도의 십자가 대속과 부활을 통한 회복입니다. 원수 되었던 관계가 다시 하나님과 회복된 관계로 회복된 것입니다.

 그런데 신앙생활은 하나님과의 관계가 회복된 것에서 끝나는 것이 결코 아닙니다. 인생을 살면서 우리는 좋든지 싫든지 간에 사람과의 관계 속에서 살아가게 되어 있습니다. 로마서 12:9~21에서 바울은 로마교회 성도들에게 교회 안에서 성도들 간의 관계, 교회 밖에서 불신자들과의 관계를 어떻게 해야 하는지를 말하고 있습니다. 그 핵심이 예수 그리스도의 사랑을 바탕으로 선으로 악을 이기라는 것입니다. 예수 그리스도의 십자가 사랑은 하나님과 인간과의 화목뿐만 아니라 인간과의 서로 간에도 화목해야 한다는 메시지를 담고 있습니다.

먼저 체질

사랑에는 거짓이 없나니 악을 미워하고 선에 속하라 형제를 사랑하여
서로 우애하고 존경하기를 서로 먼저 하며

_로마서 12:9~10

교회는 참으로 각양각색의 사람들이 모여 있다는 것이 특징입니다. 십인 십색, 만인만색인데 하나님께서 모든 사람을 똑같이 만들지 않으셨기 때문입니다. 살아온 배경이 다르고 생각과 행동이 다 다릅니다. 외모만 보더라도 지구상에 한 사람도 똑같은 사람이 없습니다. 손바닥보다 조금 큰 얼굴의 모습이 어쩌면 그렇게 다 다른지 창조의 능력은 신묘막측합니다. 이렇게 서로 다른 사람들이 모여서 교회라는 공동체를 이루기 때문에 영적인 눈을 뜨지 못하고 자기 색깔을 내다보면 Oneness를 이루기 힘들고, 이 부분이 사탄이 교회를 공격하는 가장 큰 통로가 됩니다. 자신과 생각이 다르다고 서로 오해하고 섭섭해하기 시작하면 공동체가 깨어지는 것은 시간문제라는 사실을 놓치지 말아야 합니다.

사도 바울은 다양성으로 가득 찬 교회 안에서 우리가 어떻게 화목의 Oneness를 지혜롭게 이룰 수 있는지 구체적으로 밝혀주었습니다. 여기서 핵심 포인트는 '먼저'라는 단어입니다. '서로 먼저 하며'라는 말은 말하기는 쉬운데 실제 행동으로 이어지기가 쉽지 않습니다. 여러분은 부부 싸움을 하고 나서 누가 먼저 화해의 제스처를 취하십니까? 물론 부부 싸움을 하지 않는 것이 좋지만, 종종 발생할 것입니다. 이때 나타나는 특징이 마치 먼저 화해의 제스처를 취하면 자존심이 상하는 것처럼 생각하면서 서로 재고 버틴다는 것입니다. 그런데 이게 속는 것입니다. 여기서 '먼저'의 자리로 나아가는 자가 영적으로 큰 자입니다.

이 '먼저 체질'이 Oneness를 이루게 합니다. 마태복음 5:23~24을 보면 예수님도 먼저 체질의 중요성을 강조하셨습니다. "그러므로 예물을 제단에 드리려다가 거기서 네 형제에게 원망들을 만한 일이 있는 것이 생각나거든 예물을 제단 앞에 두고 먼저 가서 형제와 화목하고 그 후에 와서 예물을 드리라" 예배는 예수 그리스도의 십자가 대속의 사랑과 부활의 권능으로 하나님과의 화해가 이루어진 하나님 자녀만이 드릴 수 있는 특권입니다.

그런데 하나님과 화목된 상태로 예배드릴 수 있는 은혜를 체험했음에도 자신은 다른 누구와 원수진 상태로 와 있다면 하나님께서 그 예배를 받지 않으신다는 것입니다. 사실 용서하지 못하는 마음을 내버려 두면 자기도 죽는 것입니다. 마치 콜레스테롤이 심장의 혈관을 막아버리듯 하나님이 주시는 은혜를 모두 차단해 버리기 때문에 결국 자신의 삶을 피폐하게 만드는 것입니다. 사도 요한은 요한1서 3:14에 "우리는 형제를 사랑함으로 사망에서 옮겨 생명으로 들어간 줄을 알거니와 사랑하지 아니하는 자는 사망에 머물러 있느니라"라고 말했습니다. 사도 요한은 형제를 미워하고 원수 맺고 있다면 정말 구원받은 것이 맞는지 의문을 제기해볼 수 있다고까지 표현하면서 관계 회복의 중요성을 강조한 것입니다.

그렇다면 어떻게 이런 삶을 살 수 있습니까? 내 힘과 의지로 이런 삶을 살 수 있다면 이렇게까지 말하지 않았을 것입니다. 우리의 힘과 능력으로는 행하기 힘듭니다. 그래서 사도 바울은 본문에서 사랑을 강조하는 것입니다. 척하는 사랑이 아니라 거짓이 없는 사랑, 바로 예수 그리스도의 십자가 사랑을 충만하게 체험할 때 우리는 먼저 체질이 될 수 있습니다.

로마서 12:9에서 사도 바울은 "악을 미워하고 선에 속하라"고 표현했는데 여기서 악은 사탄 마귀를, 선은 예수 그리스도를 비유합니다. '속하라'는 표현은 원어적으로 아교로 붙인 것처럼 굳게 결합된 상태를 말합니다. 예수 그리스도의 십자가 사랑을 충만히 체험한 상태, 다시 말해 오직 그리스도가 될 때 우리는 먼저 체질로 변화되어 집니다. 세계적 조직신학자인 웨인 그루뎀이 사랑에 대해 "사랑이 없는 곳은 한 마디의 말조차도 의심을 품게 하고, 한 가지의 행동까지도 오해와 갈등을 낳는다. 사랑 없이 되는 모든 것이 결국 사탄의 기쁨이 된다."라고 말했습니다. 참으로 공감이 되는 말입니다. 우리가 예수 그리스도의 사랑으로 하지 않는 모든 것이 결국 사탄만 기쁘게 만드는 것입니다.

그래서 복음이 너무나 중요합니다. 우리는 오직 복음으로 살아야 하고, 복음 중심으로 삶을 편집해야 합니다. 복음이 무엇입니까? 예수 그리스도의 십자가 사랑 그 자체입니다. 우리가 복음으로 산다는 것은 바로 예수 그리스도의 십자가 사랑으로 사는 것입니다. 서로를 품어주는 그 사랑이 우리의 삶의 원리가 되어야 합니다.

함께 체질

너희를 박해하는 자를 축복하라 축복하고 저주하지 말라 즐거워하는
자들과 함께 즐거워하고 우는 자들과 함께 울라

_로마서 12:14~15

사도 바울은 우리가 세상 속에서 생명 살리는 미션을 감당하기 위해 환경과 상황을 뛰어넘어 더불어 사는 삶, 함께 체질이 되어야 한다는 사실을 강조했습니다. 사람들은 상대방의 아픔에 대해서는 곧잘 공감합니다. 함께 잘 울어주기도 합니다. 그런데 유독 상대방의 기쁨에 대해서는 같이 기뻐하는 것에 인색합니다. 속담에 "사촌이 땅을 사면 배가 아프다"는 말이 있습니다. 사촌이 땅을 사면 축하해 줘야 하는데 그렇지 않다는 것입니다.

창세기 3장 사건이 발생한 이후 모든 것이 자기중심적으로 바뀌었기 때문입니다. 우리는 이런 세상 문화와는 다른 삶을 살아야 합니다. 자기중심으로 사는 창세기 3장의 문화가 아니라 사도행전 1:1의 그리스도가 주

인 된 삶을 살아야 합니다. 이것이 피 언약의 비밀을 누리는 유월절 응답입니다. 그리고 물질 중심으로 사는 창세기 6장의 네피림 문화를 버리고, 우리는 사도행전 1:3의 오직 하나님 나라가 되어야 합니다. 내 삶을 통해 생명이 살아나는 역사가 일어나고 하나님 나라가 임하는 증거가 있어야 합니다. 이것이 하나님 나라 배경을 누리는 수장절의 응답입니다. 그리고 세상 성공의 중심으로 사는 창세기 11장의 바벨탑 문화를 버리고, 사도행전 1:8의 오직 성령 체질이 되어야 합니다. 이것이 성령 충만을 누리는 오순절의 응답입니다. 우리는 이런 세상의 3중심의 삶에서 완전히 벗어나 3오직, 3절기의 응답을 누리는 삶을 살아야 합니다.

　바울은 로마서 12장을 통해 계속해서 삶의 현장에서 생명력 넘치고 영적 영향력을 입히는 삶을 살기 위한 요소들을 언급하고 있습니다. 16절에는 영적인 겸손의 삶, 17절에는 선한 일을 도모하는 삶, 18절에는 화목한 삶의 모습을 강조하고 있습니다. 한마디로 생명 살리는 본론을 붙잡으라는 것입니다. 그러면서 21절에 결론적으로 이렇게 선언했습니다. "악에게 지지 말고 선으로 악을 이기라" 복음의 능력으로 모든 서론적인 것을 뛰어넘으라는 것입니다. With, Immanuel, Oneness의 함께 체질이 될 때 가능합니다. 성삼위 하나님과 24시 함께하는 영적 체질이 될 때 우리의 수준을 뛰어넘게 됩니다. Heavenly Power를 체험하는 보좌의 축복을 체험할 때 상황과 환경, 나를 초월하여 다른 영혼을 살리러 나갈 수 있게 되는 것입니다.

사도 바울이 로마서 12:14~21까지 계속해서 비슷한 내용을 다른 각도로 반복해서 설명하는 이유는 한 가지입니다. 결국 우리들의 삶의 모습을 통해서 불신 영혼들이 돌아와야 한다는 것입니다. 우리의 관점은 하나입니다. 생명 살리는 관점, 하나님과 원수 된 관계를 화목 된 관계로 바꾸는 역할을 감당하는 것입니다. 고린도후서 5:18에 보면 이 사실을 강조하고 있습니다. "모든 것이 하나님께로서 났으며 그가 그리스도로 말미암아 우리를 자기와 화목하게 하시고 또 우리에게 화목하게 하는 직분을 주셨으니" 우리는 하나님으로부터 화목하게 하는 직분을 받은 존재라는 사실을 분명히 붙잡아야 합니다. 이를 위해 '함께 체질'이 되어야 하는 것입니다.

유명한 강해 설교가 워렌 위어스비 목사가 이런 말을 했습니다. "당신이 그리스도인이 된 것은 누군가 당신에게 마음을 써주었기 때문이다. 이제 당신 차례이다." 그렇습니다. 누군가 화목하게 하는 직분을 감당했기 때문에 내가 구원의 자리에 있게 되었습니다. 그리고 마음껏 하나님을 예배하는 자로 설 수 있게 된 것입니다. 여러분도 이제 내 차례라는 영적 자세를 가지고 함께 체질이 되어 생명 살리는 그리스도의 대사가 되어야 할 것입니다.

복음적 열정

　종교계의 노벨상이라고 불리는 템플턴상을 제정한 존 템플턴이 쓴 책이 있습니다. 「열정」이라는 제목의 책 안에는 '행복한 변화로 이끄는 내 삶의 기관차'라는 부제가 붙어 있습니다. 월스트리트의 살아있는 전설, 영적 투자가로 불렸던 템플턴은 이 책을 통해 성공하는 삶을 위한 120여 가지 인생 법칙들을 설명해 놓았습니다. 책 제목처럼 그가 가장 강조하는 것이 바로 열정입니다. 열정이 행복한 변화를 이끄는 삶의 기관차, 원동력이라는 것입니다. 이 열정은 누구나 자기 안에 가지고 있는데 잠자고 있는 그 열정을 깨우는 그때가 바로 성공으로 돌아서는 터닝포인트가 된다는 것입니다.

　로마서 12:11을 보면 사도 바울이 이렇게 강조했습니다. "부지런하여 게으르지 말고 열심을 품고 주를 섬기라" 여기서 '열심을 품고'가 바로 열정을 의미합니다. 원어적으로 보면 '가슴에 불을 안고'라는 뜻입니다. 주께서 내게 맡겨주신 직분을 감당하고, 삶의 현장에서 생명 살리는 미션을 실현하는데 복음적 불덩어리가 되라는 것입니다. 여러분 모두가 이런 복음적 열정을 가지고 모든 사람을 살리는 자리로 나아가게 되시기를 예수 그리스도의 이름으로 축복합니다.

자다가 깰 때!

로마서 13:8~14

[8]피차 사랑의 빚 외에는 아무에게든지 아무 빚도 지지 말라 남을
사랑하는 자는 율법을 다 이루었느니라 [9]간음하지 말라,
살인하지 말라, 도둑질하지 말라, 탐내지 말라 한 것과 그 외에
다른 계명이 있을지라도 네 이웃을 네 자신과 같이 사랑하라
하신 그 말씀 가운데 다 들었느니라 [10]사랑은 이웃에게 악을
행하지 아니하나니 그러므로 사랑은 율법의 완성이니라
[11]또한 너희가 이 시기를 알거니와 자다가 깰 때가 벌써 되었으니
이는 이제 우리의 구원이 처음 믿을 때보다 가까웠음이라
[12]밤이 깊고 낮이 가까웠으니 그러므로 우리가 어둠의 일을 벗
고 빛의 갑옷을 입자 [13]낮에와 같이 단정히 행하고 방탕하거나
술 취하지 말며 음란하거나 호색하지 말며 다투거나
시기하지 말고 [14]오직 주 예수 그리스도로 옷 입고
정욕을 위하여 육신의 일을 도모하지 말라

말씀의 현장 적용

로마서에는 기독교사에 잘 알려진 유명한 인물들의 변화와 관련된 말씀이 많이 있습니다. 마틴 루터와 요한 칼빈이 종교개혁의 기치를 들 수 있었던 바탕에 로마서의 말씀이 있었습니다. 그리고 감리교를 창시한 요한 웨슬레도 로마서를 통해 교회를 갱신시키는 부흥 운동을 일으켰습니다.

사도 바울 이후 가장 탁월한 신학자로 불리는 성 어거스틴도 로마서의 말씀을 통해 진정한 변화의 자리로 나갈 수 있었다고 합니다. 어거스틴이 옛 틀을 깨지 못하여 갈등하던 어느 날 갑자기 이웃집 아이들의 음성 같은 소리가 들려왔습니다. "톨레 레게, 톨레 레게(집어 들고 읽어라, 집어 들고 읽어라)." 그래서 그는 앞에 있던 성경을 펴서 제일 먼저 눈길이 닿는 부분을 읽었는데 바로 로마서 13:11~14 말씀이었습니다. 그 핵심이 "자다가 깰 때가 되었으니 어둠의 일을 벗고 빛의 갑옷을 입어야 한다. 오직 주 예수 그리스도로 옷 입는 삶을 살아야 한다."라는 메시지였습니다. 어거스틴은 이 말씀을 통해 자신의 삶을 어둡게 만들었던 옛 틀을 다 깨버리고 영적 영향력을 입히는 새 틀 인생으로 바뀌었습니다. 오직, 유일성, 재창조의 삶이 새롭게 시작이 된 것입니다.

사도 바울은 로마서의 말씀을 크게 두 부류로 나누어 놓았습니다. 11장까지는 쉽게 설명하면 영적 이론 편이었습니다. 하나님의 말씀, 복음의 핵심이 무엇인지 쉽게 접근할 수 있도록 한 것입니다. 그리고 12장부터는 영적 실천 편입니다. 현장 적용을 위한 메시지를 주고 있습니다. 이것이 무엇을 의미합니까? 하나님의 말씀은 이론이 아니라 현장 적용이 될 때 놀라운 역사가 일어난다는 것을 의미합니다. 무엇보다 자신이 먼저 바뀌고 다른 영혼들까지도 살아나는 증거가 일어나게 됩니다.

사도 바울의 서신서는 영적 이론 편과 함께 꼭 실천 편이 들어가 있습니다. 그만큼 이론에 머물러 있지 말고 현장 적용의 자리까지 나아가라는 것입니다. 이번 챕터에서 살펴 볼 로마서 13장의 말씀은 창세기 3장의 세상 현장에서 어떤 영적 자세로 살아가야 할지에 대해 적용하고 있습니다. 지금은 자다가 깰 때라는 것입니다. 영적으로 24시 깨어 있어야 할 시간표입니다. 그렇게 될 때 삶의 현장에서 빛과 소금의 역할을 감당할 수 있습니다.

복음적 사랑의 시각

피차 사랑의 빚 외에는 아무에게든지 아무 빚도 지지 말라 남을 사랑하
는 자는 율법을 다 이루었느니라 간음하지 말라, 살인하지 말라, 도둑질
하지 말라, 탐내지 말라 한 것과 그 외에 다른 계명이 있을지라도 네
이웃을 네 자신과 같이 사랑하라 하신 그 말씀 가운데 다 들었느니라
사랑은 이웃에게 악을 행하지 아니하나니 그러므로 사랑은 율법의
완성이니라 _로마서 13:8~10

사도 바울은 우리가 24시 깨어 있는 삶을 사는 데 있어서 가지고 있어
야 할 가장 중요한 영적 시각이 사랑의 시각이라고 강조했습니다. 여기
서 사랑은 아가페의 사랑으로 예수 그리스도의 십자가 대속을 통해 주어
진 무조건적 사랑을 의미합니다. 한마디로 복음적 사랑의 시각을 말하
는 것입니다.

앞의 성경 말씀에서 사도 바울이 인용하고 있는 내용은 십계명의 계명
들입니다. 십계명은 하나님과의 관계와 다른 사람과의 관계 속에서 지켜
야 할 내용으로 구성되어 있습니다. 사도 바울이 지금 언급한 내용은 전
부 사람과의 관계 속에서 지켜야 할 것으로 이 계명을 실천하기 위해 중요
한 것이 사랑의 영적 자세입니다. 사도 바울은 앞의 성경 말씀을 통해 우
리에게 사랑의 빚 외에는 아무에게든지 아무 빚도 지지 말라고 강조했습

니다. 이 말씀에는 중요한 의미가 있습니다. 우선 구원받은 하나님의 자녀는 하나님께 사랑의 빚진 자라는 것입니다. 창세기 3장에서 발생한 첫 사람 아담의 범죄 이후 인간은 하나님과 완전히 분리되어 죄와 사탄의 종 노릇을 하다가 영원한 멸망 길로 갈 수밖에 없는 운명에 빠지게 되었습니다. 그런데 예수 그리스도를 통해서 이 저주받은 운명에서 벗어나 하나님과의 관계가 다시금 회복되고 영원한 생명을 얻게 되었습니다. 이것은 하나님의 전적인 은혜이며 측량할 수 없는 사랑으로 주어진 것입니다.

그런데 이렇게 하나님께서 놀라운 사랑과 은혜를 베푸실 때, 누군가를 통해 복음을 듣게 하십니다. 내가 복음을 받아들이기까지 누군가의 기도가 있었고 복음의 전달자가 있었습니다. 그 누군가가 부모님이나 배우자, 자녀 또는 직장동료나 이웃이었을 수도 있습니다. 정말 다양한 전도자를 통해 우리가 복음을 받게 되었습니다. 이 말은 우리가 하나님과 전도자들에게 사랑의 빚을 지고 있다는 것입니다. 하나님께서는 우리에게 그 사랑의 빚을 갚길 원하시는데 그 방법이 독특합니다. 사랑의 빚을 하나님께 직접 갚는 것이 아니라, 다른 사람 또 다른 불신 영혼을 살리는 것으로 갚으라는 것입니다.

그래서 사도 바울은 로마서를 처음 시작하면서부터 이 사실을 언급했습니다. 로마서 1:14~15을 보면 "헬라인이나 야만인이나 지혜 있는 자나 어리석은 자에게 다 내가 빚진 자라 그러므로 나는 할 수 있는 대로 로마에 있는 너희에게도 복음 전하기를 원하노라"라고 되어 있습니다. 누구보다 복음에 빚진 자 의식을 가지고 있던 사도 바울은 이 복음을 전하는 데 있어서 그 생명을 아끼지 않고, 일심, 전심, 지속했습니다. 하나님의 뜻과 계획이 구속사 성취, 생명 살리는 일 중심으로 이루어짐을 깨닫고 올인했던 것입니다. 이처럼 복음적 시각을 가진다는 것은 어떤 상황 속에서도 생명 살리는 자리로 나아가는 것을 말합니다.

세계적인 경영 컨설턴트로 유명한 짐 콜린스가 성공에 대해 이런 말을 했습니다. "성공이란 당신의 배우자가 해가 갈수록 당신을 더욱 좋아하고 사랑하는 것이다." 짐 콜린스가 이렇게 말한 근본적인 이유는 진정한 성공을 대인 관계의 관점에서 접근한 것이라 할 수 있습니다. 나와 가장 가까운 사람과의 관계가 먼저 회복이 될 때 성공적인 삶을 살 수가 있게 된다는 것입니다.

이렇게 할 수 있는 지혜가 한 가지 있는데 바로 들어주는 것입니다. 상대방의 말을 먼저 들어줄 때 그 마음까지도 얻을 수 있게 됩니다. 하나님께서 인간에게 두 개의 귀와 한 개의 입을 주신 이유가 무엇이겠습니까? 듣기는 속히 하고, 말하기는 더디 하라는 것입니다. 이는 창조의 원리입니다. 그런데 창세기 3장 사건 이후 자기중심적 삶이 체질화되어 있어서 상대방의 말을 잘 듣지 않습니다. 우리는 대개 상대방이 말하고 있을 때 자기 말할 것을 준비하고 있고, 심지어 말이 끝나기도 전에 상대의 말을 끊고 자기 말을 합니다.

신학자 폴 틸리히는 "사랑의 첫째 의무는 듣는 것이다."라고 말했습니다. 부부간에도 서로 들어주어야 합니다. 배우자가 들어주지 않으니 속병이 생기는 것입니다. 자녀들의 말도 들어주어야 합니다. 들어주지 않으니까 관계의 문이 닫혀버리는 것입니다. 영성학자로 유명한 헨리 나우웬은 "예수님은 온몸이 귀였다."라고까지 말했습니다. 예수님은 공생애 사역 기간에도, 하늘 보좌에 계시는 지금도, 수많은 성도들의 기도와 간구를 들어주시고 살펴주고 계십니다.

사랑은 일단 들어주는 것에서 시작됩니다. 사역도 마찬가지로 들어주어야 합니다. 일방적으로 내 할 말만 전하고 오면 아무런 의미가 없습니다. 복음적 사랑의 시각을 가지고 상대방이 느끼는 것을 바라보는 영적 공감이 이루어질 때 변화와 성장이 일어나게 되어 있습니다.

24의 영적 체질

또한 너희가 이 시기를 알거니와 자다가 깰 때가 벌써 되었으니 이는
이제 우리의 구원이 처음 믿을 때보다 가까웠음이라

_로마서 13:11

사도 바울은 우리에게 종말이 가까이 오고 있다는 사실을 밝혔습니다. 성경에 보면 '종말'이란 말과 더불어 '말세'라는 말이 나옵니다. 비슷한 말 같지만, 차이가 좀 있습니다. '종말'은 지구의 마지막 시점을 가리키는데, 신학적으로는 '오메가 포인트'라고 합니다. 헬라어의 마지막 스펠링인 오메가에서 유래 된 표현입니다. '말세'는 마지막 기간을 가리키는 말입니다. 구체적으로 말씀드리면 예수님의 초림부터 재림까지의 기간을 가리킵니다. 그리고 말세의 기간 중에서도 종말이 아주 가까워진 시기를 가리켜 '말세지말'이라고 표현합니다. 지금 우리가 살고 있는 시대가 바로 말세지말입니다.

이런 시간표 속에서도 사도 바울은 우리에게 영적으로 깨어 있어야 한다는 사실을 강조했습니다. 지금은 자다가 깰 때라는 것입니다. 이 말씀은 우리에게 크게 두 가지 영적 교훈을 줍니다. 하나는 지금 시대에 우리를 영적으로 잠들게 하는 유혹이 너무나 많다는 것입니다. 요한1서 2:16

에 보면 사도 요한이 이런 유혹에 대해 아주 사실적으로 설명해주었습니다. "세상에 있는 모든 것이 육신의 정욕과 안목의 정욕과 이생의 자랑이니 다 아버지께로부터 온 것이 아니요 세상으로부터 온 것이라" 사탄이 육신의 정욕과 안목의 정욕과 이생의 자랑을 가지고 우리를 잠들게 한다는 것입니다. 그래서 창세기 3장의 자기중심, 창세기 6장 물질 중심, 창세기 11장 세상 성공 중심의 삶에 매몰되게 만듭니다. 따라서 영적으로 깨어 있지 않으면 다 당하게 되는 것입니다. 다른 하나는 언제 주님이 다시 오실지 모르기 때문에 우리가 깨어 있어야 한다는 것입니다. 예수님께서 친히 마태복음 24:42에 "깨어 있으라 어느 날에 너희 주가 임할는지 너희가 알지 못함이니라"고 말씀하셨습니다.

사도 바울은 이렇게 깨어 있는 삶을 가리켜 어둠의 일을 벗고, 빛의 갑옷을 입는 삶, 오직 주 예수 그리스도로 옷 입는 삶이라고 표현을 했습니다. 다시 말해 육신의 정욕, 안목의 정욕, 이생의 자랑과 같은 사탄의 유혹 거리로부터 벗어나서 복음이신 예수 그리스도로 충만한 삶, 24의 영적 체질이 되어야 한다는 것입니다. 사도 바울이 24의 영적 체질이 되기 위해 빛의 갑옷을 입어야 한다는 사실을 강조하고 있는데 갑옷이라는 표현이 무엇을 전제하고 있습니까? 갑옷은 어떤 상황에서 입습니까? 갑옷은 전쟁에 나갈 때 입습니다. 빛의 갑옷을 입으라는 것은 우리가 영적 싸움을 싸워야 한다는 것을 전제합니다. 그만큼 우리가 하나님과 24가 되지 못하도록 사탄이 집중적으로 공격한다는 것입니다.

　그래서 우리는 하나님의 전신 갑주로 완전 무장된 삶을 살아야 합니다. 언약을 붙잡고 기도 24가 되어야 합니다. 특히 강단에서 선포되는 하나님의 말씀 중심으로 내 삶을 편집해야 합니다. 그것이 Heavenly Power 를 힘입고 보좌의 축복을 누리는 것입니다. 그다음 단계가 하나님의 것으로 완전히 각인, 뿌리, 체질화될 때까지 우리의 삶을 설계하는 것입니다. 쉽게 말하면 내게 주신 Heavenly Talent가 무엇인지 발견해서 복음을 위해 사용할 수 있어야 합니다. 마지막 단계가 현장에서 그 응답을 누릴 수 있도록 디자인하는 것입니다. 즉, 237 나라, 5천 종족 복음화라는 Heavenly Mission 실현의 주역으로 서는 것입니다.

사실적인 말씀 적용

　미국의 대표적인 복음주의 목회자였던 A. W. 토저 목사가 「세상에 무릎 꿇지 말라」라는 책을 썼습니다. 그는 이 책에서 세상의 가치관에 굴복하지 말고 참된 믿음을 회복하라고 강조했습니다. 그러면서 신앙의 본질에 대해 접근하는데 '종교적 언어 게임'을 경계하라고 역설했습니다. 종교적 언어 게임이라는 말은 성경을 읽으면 자동적으로 삶에 적용된다는 생각을 말합니다. 쉽게 설명하면, 여러분이 지금 강단을 통해 말씀 듣는 것이 마치 자동적으로 내 삶에 적용된다고 착각하는 것을 말합니다.

저는 사탄의 공격이 여기에 있다고 확신합니다. 듣는 것으로 모든 것이 다 된 것처럼 착각하게 만드는 것입니다. 이렇게 되면 나타나는 현상이 아무리 예배를 드리고 복음을 들어도 문제와 상처 속에 파묻혀 허우적거리는 삶을 살게 됩니다. 우리는 절대 속지 말아야 합니다. 강단에서 선포되는 말씀이 정말 24가 되어야 합니다. 여러분은 이런 사실적인 말씀 적용이 있는 깨어 있는 삶, 생명 살리는 영적 재창조의 삶을 살아가게 되시기를 예수 그리스도의 이름으로 축복합니다.

오직 주를 위하여!

로마서 14:1~8

1믿음이 연약한 자를 너희가 받되 그의 의견을 비판하지 말라
2어떤 사람은 모든 것을 먹을 만한 믿음이 있고 믿음이 연약한
자는 채소만 먹느니라 3먹는 자는 먹지 않는 자를 업신여기지
말고 먹지 않는 자는 먹는 자를 비판하지 말라 이는 하나님이
그를 받으셨음이라 4남의 하인을 비판하는 너는 누구냐 그가
서 있는 것이나 넘어지는 것이 자기 주인에게 있으매 그가
세움을 받으리니 이는 그를 세우시는 권능이 주께 있음이라
5어떤 사람은 이 날을 저 날보다 낫게 여기고 어떤 사람은
모든 날을 같게 여기나니 각각 자기 마음으로 확정할지니라
6날을 중히 여기는 자도 주를 위하여 중히 여기고 먹는 자도
주를 위하여 먹으니 이는 하나님께 감사함이요 먹지 않는 자도
주를 위하여 먹지 아니하며 하나님께 감사하느니라
7우리 중에 누구든지 자기를 위하여 사는 자가 없고 자기를
위하여 죽는 자도 없도다 8우리가 살아도 주를 위하여 살고 죽
어도 주를 위하여 죽나니 그러므로 사나 죽으나 우리가
주의 것이로다

주를 위하여 사는 존재

우리가 살고 있는 사회를 보면 다양한 구호들이 넘칩니다. 특히 선거철이 되면 자신이 가지고 있는 비전을 바탕으로 다양한 정책적 구호들이 나옵니다. 역대 대통령 선거 구호들을 보면 그 시대상들이 잘 나타나 있습니다. 이런 비단 정치 영역뿐만 아니라 다양한 대회나 행사에 등장하는 캐치프레이즈도 많습니다. 그런데 우리의 영적인 삶에 있어서도 정말 중요한 구호가 있습니다. 그것이 바로 이번 챕터 제목인 "오직 주를 위하여!"입니다. 신앙생활은 우리 인생의 주인 되신 예수 그리스도를 통해 영원한 생명을 얻는 것으로 출발합니다. 이것은 하나님의 전적인 은혜로 우리에게 주어진 놀라운 선물입니다. 그런데 우리가 놓치지 말아야 할 것은 구원의 은혜를 체험하는 것은 신앙생활의 출발점이지 종착점이 아니라는 것입니다. 구원받은 이후의 삶은 그 방향이 바로 '오직 주를 위한 삶'을 사는 것입니다.

앞의 성경 말씀을 보면 사도 바울이 "우리가 살아도 주를 위하여 살고 죽어도 주를 위하여 죽나니 그러므로 사나 죽으나 우리가 주의 것이로다"라고 아주 중요한 고백을 했습니다. 한 번뿐인 인생, 주를 위하여 산다는 것만큼 값진 삶도 없습니다. 세상의 불신자들은 창세기 3장의 자기중심,

창세기 6장의 물질 중심, 창세기 11장의 세상 성공 중심을 위해 살지만 우리는 주를 위하여 사는 존재입니다. 오직 그리스도, 오직 하나님 나라, 오직 성령 충만으로 살아가는 것입니다.

사도 바울이 강조한 오직 주를 위한 삶은 생명 살리라는 하나님의 생각에 인생의 모든 초점을 맞추는 것입니다. 이를 위하여 하나님께서는 언약 공동체인 교회를 세우시고 교회를 통해 복음이 확산되는 사명을 감당하게 하셨습니다. 그런데 이런 미션 실현을 위해 중요한 것이 서로가 Oneness를 이루는 것입니다. 그러므로 우리는 어떤 상황 속에서도 하나님의 생각과 완전 소통하는 가운데 교회를 든든히 세워가며 237 나라, 5천 종족 복음화의 주역으로 당당히 쓰임 받아야 할 것입니다.

237 품는 영적 그릇

믿음이 연약한 자를 너희가 받되 그의 의견을 비판하지 말라
_로마서 14:1

로마서는 사도 바울이 로마에 있는 교회에 쓴 편지입니다. 편지를 쓸 당시 로마교회에는 성도들 간에 Oneness가 되지 못하는 일들이 있었습니

다. 2절 이후의 내용을 보면 음식 문제와 날에 관한 문제가 크게 부각되어 있었는데 당시 성도들 사이에서 이 부분이 뜨거운 감자였습니다. 당시 로마교회 안에는 유대교 배경을 지닌 성도들과 헬라 문화를 배경으로 한 성도들이 있었습니다. 유대교 배경을 가진 성도들은 예수를 믿는다고 했지만, 여전히 율법적 사고에서 벗어나지를 못했습니다. 이들은 율법이 정한 음식, 부정한 음식을 철저히 구별하여 지키는 일이 체질화되어 있었습니다. 비록 예수를 믿지만, 율법의 내용을 그대로 지켜야 한다는 입장이고, 그것이 하나님의 말씀대로 사는 것이며, 그런 삶이 거룩한 신앙생활이라고 생각했던 것입니다.

날에 대해서도 마찬가지로 유대인들은 긴 세월 동안 안식일을 지키는 것을 정말 생명처럼 여겨왔습니다. 그런데 예수를 믿고 난 이후에도 이런 안식일 지키기를 포기하지 않은 사람들이 많았습니다. 사도행전의 말씀에도 보면 사도 바울이 안식일마다 회당에 가서 복음 메시지를 증거했던 내용들이 많이 나옵니다. 그만큼 안식일을 특별한 날이라고 여기고 포기하지 않았던 것입니다. 앞의 성경 말씀에는 언급되지 않았지만, 할례 문제도 초대교회에서 뜨거운 감자였습니다. 할례를 받아야 하나님 자녀가 된다고 이들이 율법적 주장을 했던 것입니다. 그런데 이와는 달리 헬라 문화 배경을 가진 이방인들은 유대 배경을 가진 성도들의 모습을 이해할 수가 없었습니다. 그러니 서로가 서로를 향해 비판한 것입니다.

바울이 여기에 대해서 "믿음이 연약한 자를 너희가 받되 그의 의견을 비판하지 말라"라고 답을 주었습니다. 여기서 우리가 잘 보아야 할 것이 있습니다. 믿음이 연약하다는 것이 결코 잘못된 것이 아닙니다. 믿은 지 얼마 되지 않은 분들이나 훈련을 많이 받지 않은 성도들은 영적으로 분별하는 능력이 떨어질 수 있습니다. 그런데 그 모습을 보고 비판한다는 것은 아주 잘못된 것임을 바울이 언급했습니다. 오히려 믿음이 연약한 자를 받아주고 이해하고 격려해주어야 합니다.

로마교회에서 발생했던 음식 문제를 비롯한 다양한 관습과 의식에서 서로 다른 의견을 보이는 문제들을 가리켜 16세기 종교개혁자들은 '아디아포라'라고 했습니다. 성경에 정확하게 하라, 하지 말라가 구분되어 있지 않아서 기독교인의 양심에 따라 결정하는 문제를 말합니다. 지금 시대에 많이 갈등하는 것 중의 하나가 술, 담배를 해도 되느냐 안 되느냐, 제사 음식을 먹어도 되느냐 안 되느냐 등의 문제라고 할 수 있습니다. 제사는 분명히 드리지 말라고 했는데 제사를 드리고 나서 가족들이 모여 그 음식을 먹는데 그걸 먹어야 하느냐 마느냐 이런 갈등 속에 있는 분들이 있습니다. 여러분이 마음에 평안한 대로 하시면 됩니다. 그 음식을 먹는다고 구원이 취소되는 것이 아닙니다. 술 담배도 마찬가지로 구원과는 상관이 없습니다. 그렇다고 막 하라는 것이냐 하면 그것도 아닙니다.

여러분이 가지고 있어야 할 것은 생명 살리는 관점을 가지는 것입니다. 내가 술을 마시고, 담배를 피우는 것이 복음에 유익하냐 하지 않느냐를 보라는 것입니다. 한국 사회에서는 기독교인이 술, 담배를 하는 것에 대해 아주 부정적인 시선을 가지고 있습니다. 그렇기 때문에 복음을 전하는 데 걸림돌이 된다면 하지 않는 것입니다. 그렇다고 지금 술, 담배하고 있는 이들이 있다면 그것 때문에 그들이 교회와 멀어져서도 안 될 것입니다.

사도 바울이 강조하는 것은 다른 사람의 모습을 보고 내가 가진 기준으로 비판하는 자세를 가져서는 안 된다는 것입니다. 여러분이 그런 마음을 가지고 있으면 상대방이 느끼게 되어서 서먹서먹한 느낌이 들다가 멀어지게 됩니다. 사도 바울은 로마서 14:3에 약한 자를 비판하거나 멸시하지 말고 있는 그대로 받아야 하는 이유는 하나님께서 그 사람을 받으셨기 때문이라고 강조했습니다. 하나님께서 받아들인 사람을 우리가 어떻게 정죄하고, 판단하고, 비판할 수 있겠습니까? 시오노 나나미가 쓴 「로마인 이야기」에 보면 로마의 강점으로 관용을 들고 있습니다. '관용'이라는 말은 '너그럽게 용서하고 받아들인다'는 것입니다. 로마는 폐쇄적인 태도가 없었고, 정복한 민족 중에서 자신들의 왕을 선출할 정도로 개방적인 체제였습니다. 이것이 로마를 강력한 제국으로 만든 원동력이었다는 것입니다. 우리가 주를 위하는 삶을 살기 위해서는 복음적 포용력이 중요합니다. 237 나라, 5천 종족을 복음으로 품을 수 있는 영적 그릇이 되어야 함을 잊지 마시기 바랍니다.

이 땅의 하나님 나라

그런즉 우리가 다시는 서로 비판하지 말고 도리어 부딪칠 것이나
거칠 것을 형제 앞에 두지 아니하도록 주의하라 _로마서 14:13

　사도 바울은 교회 공동체 안에서 주를 위하여 사는 삶의 모습을 더 구체적으로 밝히고 있습니다. 서로 비판하지 않는 것은 기본이고, 이제는 더 나아가 서로 부딪칠 것이나 거칠 것을 아예 두지 말라는 것입니다. 그러면서 사도 바울은 서론에 매이지 않고 영적인 본질을 붙잡아야 한다는 사실을 강조했습니다.

하나님의 나라는 먹는 것과 마시는 것이 아니요 오직 성령 안에 있는
의와 평강과 희락이라 _로마서 14:17

　사도 바울은 교회가 이 땅의 하나님 나라라는 사실을 전제로 중요한 영적 진리를 밝히고 있습니다. 하나님의 나라는 하나님의 통치가 임하는 현장을 말합니다. 특히 하나님 나라의 본질은 성령 안에서 의와 평강과 희락이라는 것입니다. 성령 안에서 주어지는 의와 평강과 희락, 이 세 가지

를 제대로 이해하고 누리는 공동체가 교회입니다.

첫째로 하나님의 나라는 의의 나라입니다. 로마서에서 가장 중요한 주제가 바로 의에 관한 문제입니다. 여기에서 '의'는 단순히 사회 정의의 개념이 아닙니다. 로마서에서 강조하는 의는 본질적으로 '하나님과의 바른 관계'를 말합니다. 생명 살리는 하나님의 뜻과 계획에 24 소통을 하고 있어야 한다는 것입니다.

두 번째로 하나님의 나라는 평강의 나라입니다. 예수 그리스도의 십자가 대속과 부활을 통해 의롭다 하심을 얻고 하나님과 올바른 관계가 회복된 사람에게 나타나는 것이 평강입니다. 이사야 9:6~7을 보면 예수 그리스도는 평강의 왕이시며 평강의 더함이 무궁하신 분이시라고 강조했습니다. 요한복음 14:27에서는 예수님께서 이렇게 말씀하셨습니다. "평안을 너희에게 끼치노니 곧 나의 평안을 너희에게 주노라 내가 너희에게 주는 것은 세상이 주는 것과 같지 아니하나라 너희는 마음에 근심하지도 말고 두려워하지도 말라" 세상이 주는 일시적인 평안이 아닙니다. 세상이 줄 수도 알 수도 없는, 어떤 환경과 상관없는 절대 평안을 예수님께서 우리에게 주셨습니다. 이런 절대 평안을 함께 누리는 현장이 바로 교회 공동체입니다.

세 번째로 하나님의 나라는 희락의 나라입니다. 희락이 무엇입니까? 희락은 기쁨입니다. 하나님의 나라를 누리는 삶의 특징이 바로 기쁨입니다. 교회는 기쁨의 공동체가 되어야 합니다.

사도 바울은 로마서 14:18에서 그리스도를 섬기는 자는 하나님을 기쁘시게 하며 사람에게도 칭찬을 받는다고 밝히고 있습니다. 교회가 의와 평강과 희락의 공동체가 되면 영적 영향력이 지역 사회로, 237 나라로, 5천 종족으로 흘러가게 되어 있습니다. 그것이 바로 하나님 나라의 특징입니다. 17세기 독일의 신학자 멜데니우스(Meldenius)가 이런 유명한 말을 했습니다. "본질적인 것에는 일치를, 비본질적인 것에는 자유를 그리고 모든 것에는 사랑을." 심플하면서도 강력한 메시지를 주는 말입니다. 쉽게 설명하면 복음을 위해서 서론은 다 양보하고, 본론에 승부를 걸라는 것입니다. 왜 서론에 매여 영적인 본질을 놓치는 것입니까? 이것이 가장 어리석은 삶이며 사탄만 박수를 치게 만드는 일입니다.

안도현 시인이 쓴 '너에게 묻는다'라는 제목의 아주 짧은 시가 있습니다. "연탄재 함부로 차지 마라. 너는 누구에게 한 번이라도 뜨거운 사람이었느냐?" 이 짧은 시로 인해 '연탄재 시인'이라고 불리면서 유명세를 탔는데, 제가 이 말씀을 드리는 이유가 있습니다. 우리가 오직 주를 위해 한 번이라도 뜨거운 삶을 살자는 것입니다. 다른 영혼을 살리기 위해 한 번이라도 뜨거운 열정을 가지고 도전해보자는 것입니다. 여러분 모두가 복음에 불타는 열정을 가지고 오직 주를 위한 삶을 살아감으로써 237 나라, 5천 종족 복음화의 주역이 되시기를 예수 그리스도의 이름으로 축복합니다.

그리스도 예수의 일꾼!

로마서 15:14~21

14 내 형제들아 너희가 스스로 선함이 가득하고 모든 지식이
차서 능히 서로 권하는 자임을 나도 확신하노라
15 그러나 내가 너희로 다시 생각나게 하려고 하나님께서 내게
주신 은혜로 말미암아 더욱 담대히 대략 너희에게 썼노니
16 이 은혜는 곧 나로 이방인을 위하여 그리스도 예수의 일꾼이
되어 하나님의 복음의 제사장 직분을 하게 하사 이방인을
제물로 드리는 것이 성령 안에서 거룩하게 되어 받으실 만하게
하려 하심이라 17 그러므로 내가 그리스도 예수 안에서 하나님의
일에 대하여 자랑하는 것이 있거니와 18 그리스도께서 이방인들
을 순종하게 하기 위하여 나를 통하여 역사하신 것 외에는
내가 감히 말하지 아니하노라 그 일은 말과 행위로 19 표적과
기사의 능력으로 성령의 능력으로 이루어졌으며 그리하여
내가 예루살렘으로부터 두루 행하여 일루리곤까지 그리스도의
복음을 편만하게 전하였노라 20 또 내가 그리스도의 이름을
부르는 곳에는 복음을 전하지 않기를 힘썼노니 이는 남의 터
위에 건축하지 아니하려 함이라 21 기록된 바 주의 소식을
받지 못한 자들이 볼 것이요 듣지 못한 자들이 깨달으리라
함과 같으니라

예수 그리스도를 본받는 삶

로마서에는 하나님의 자녀가 복음으로 살아나게 할 뿐만 아니라 복음의 열정을 회복시키는 메시지로 가득 차 있습니다. 그래서 종교개혁자 마틴 루터는 "신앙이 약해지면 로마서를 많이 먹어라."라고 했습니다. 로마서의 말씀을 보면 볼수록, 묵상하면 할수록 이전에 맛보지 못했던 새로운 맛을 느끼고, 영적으로 큰 동기 부여를 받게 됩니다. 그래서 로마서의 말씀은 우리의 삶이 복음으로 24가 되어 어떤 상황 속에서도 흔들리지 않는 언약적 도전을 할 수 있게 하는 영적 플랫폼이 됩니다. 강단을 통해 선포되는 말씀뿐만 아니라 여러분이 정시기도 시간에 로마서의 말씀을 처음부터 묵상해 보시기 바랍니다. 그러면 또 다시 새로운 맛을 느끼고 새 힘을 얻을 수 있을 것입니다.

이번에 살펴 볼 로마서 15장은 12장부터 사도 바울이 강조한 실천 편의 결론이 담겨있는 말씀입니다. 사도 바울이 12장 이후에 계속해서 우리에게 주는 메시지는 하나님의 자녀가 교회와 세상 속에서 어떻게 하면 영적 영향력을 입히는 삶을 살 수 있는지에 대한 것입니다. 로마서 12장에서는 우리 몸을 하나님이 기뻐하시는 거룩한 산 제물로 드리는 삶, 쉽게 설명하면 예배가 이끄는 인생이 되어야 한다는 것입니다. 예배가 인생의 최우선 순위가 되어야 합니다. 예배에 성공하는 것이 신앙생활의 출발점이요 동력이 되기 때문에 예배는 가장 중요하고, 가장 긴급하고, 가장 영광스러운 것입니다. 특히 예배가 이끄는 삶을 사는 하나님의 자녀들은 그리스도 안에서 한 몸 된 지체 의식을 가지고 선으로 악을 이기는 지혜 자로 서야 합니다.

한 신학자가 교회를 가리켜 "이 세상에서 교회만큼 이질적인 집단은 없다"라고 했을 정도로 교회 공동체 안에는 각양각색의 사람들이 존재하고 있습니다. 그렇기 때문에 그리스도 안에서 한 몸 된 지체 의식, 먼저와 함께의 영적 체질이 되지 않으면 한 걸음도 앞으로 나아갈 수 없게 됩니다. 이어지는 13장에서는 세상 속에서의 삶을 어떻게 살아가야 하는지에 대해 답을 주었습니다. 복음적 사랑의 시각을 가지고 24시 깨어있는 영적 체질이 되어야 창세기 3, 6, 11장의 세상 가치관에 함몰되지 않고 영적 영향력을 입히는 삶을 살 수 있다는 것입니다. 그리고 로마서 14장의 말씀은 다시 교회라는 공동체는 복음으로 완전히 Oneness가 되어 생명 살리는 하나님의 사업을 견고히 세워나가는 공동체, 오직 주를 위한 공동체가 되어야 함을 강조했습니다.

앞의 성경 말씀을 보면 사도 바울은 로마서 15장을 시작하면서 이 부분에 대해서 다시 한 번 강조했습니다. "믿음이 강한 우리는 마땅히 믿음이

약한 자의 약점을 담당하고 자기를 기쁘게 하지 아니할 것이라 우리 각 사람이 이웃을 기쁘게 하되 선을 이루고 덕을 세우도록 할지니라" 지금까지는 믿음이 연약한 자를 비판하지 말고 그들을 받으라는 수준이었는데 이제는 그들의 약점을 담당하라는 것입니다. 여기서 담당한다는 말은 원어적으로 내가 갚아야 할 빚이 있다는 의미입니다. 사랑의 빚진 자 의식을 가지고 연약한 자를 책임지라는 것입니다. 하나님께서 우리에게 예수 그리스도를 먼저 믿게 하시고, 무엇보다 복음에 대해 사실적으로 깨닫게 하신 이유는 하나입니다. 연약한 자를 살리고 그들을 복음 안에서 견고히 세워나가야 한다는 것입니다.

예수님께서도 이런 삶을 사셨습니다. 이사야 53:4~6의 말씀에서 밝히고 있듯이 예수님은 우리의 고통을 대신 지시고 우리의 슬픔을 담당하셨습니다. "그가 찔림은 우리의 허물 때문이요 그가 상함은 우리의 죄악 때문이라 그가 징계를 받으므로 우리는 평화를 누리고 그가 채찍에 맞으므로 우리는 나음을 받았도다 우리는 다 양 같아서 그릇 행하여 각기 제 길로 갔거늘 여호와께서는 우리 모두의 죄악을 그에게 담당시키셨도다" 예수님은 십자가 상에서 우리 모두의 죄악을 대신 지시고 그 빚을 다 탕감받게 하셨습니다. 그래서 사도 바울은 우리도 그리스도 예수를 본받는 삶을 사는 것이 지극히 당연하다고 강조한 것입니다.

복음의 제사장

내 형제들아 너희가 스스로 선함이 가득하고 모든 지식이 차서 능히
서로 권하는 자임을 나도 확신하노라 그러나 내가 너희로 다시 생각나게
하려고 하나님께서 내게 주신 은혜로 말미암아 더욱 담대히 대략
너희에게 썼노니 _로마서 15:14~15

사도 바울은 로마교회 성도들에게 막연하게 편지를 쓴 것이 아니라 자신이 하나님께 받은 은혜를 나누고 있습니다. 이를 통해 그들도 복음의 감격을 다시 회복해서 하나님 나라 확장에 더욱 크게 쓰임 받기를 간절히 바라는 마음인 것입니다. 우선 바울은 로마교회 성도들의 장점을 부각하면서 그들과 공감대를 형성하고 있습니다. 그들이 선함이 가득하고 하나님에 대한 확실한 지식을 가지고 있다는 것입니다. 그러면서 그들의 시선을 아주 자연스럽게 하나님께서 주신 은혜에 주목하도록 이끌었습니다.

우리가 교회 안에서 복음의 Oneness를 이룰 수 있는 중요한 통로는 서로를 인정해 주는 것입니다. 서로의 장점이나 가능성을 보고 한마디 해 주는 것이 너무나 중요합니다. 그렇게 되면 영적 분위기가 달라집니다. 그런데 우리나라는 마치 '침묵이 금이다'라는 말을 좌우명으로 삼고 살아가는 것처럼 그렇게 칭찬에 인색할 수가 없습니다. 남을 비판하는 것에는 침묵을 지키는 것이 맞지만, 칭찬하는 것에는 인색하지 말아야 하고 넘

쳐도 좋습니다. 사실 리더십의 가장 큰 요소 중의 하나도 상대방의 장점이나 가능성을 인정해 주는 것입니다. 그렇게 되면 자신의 능력을 배가시키는 힘이 생깁니다.

사도 바울이 다메섹 도상에서 부활하신 예수 그리스도를 만나고 나서 발견한 것 중의 하나가 은혜입니다. 예수님을 만나기 전까지 사도 바울은 율법주의의 대명사였습니다. 율법을 지키고 예수 믿는 자를 잡아들이는 것이 하나님을 올바로 섬기는 것이라고 철저히 믿고 있었습니다. 그런 바울에게 다메섹 도상 사건은 인생의 전환점이 되었습니다. 부활하신 예수 그리스도를 만난 이후 바울에게 있었던 율법적 열심은 복음적 은혜가 넘치는 삶으로 완전히 전환되어 은혜 24의 삶을 살았습니다. 모든 것을 은혜의 관점으로 보니 은혜가 아닌 것이 없었던 것입니다.

> 이 은혜는 곧 나로 이방인을 위하여 그리스도 예수의 일꾼이 되어
> 하나님의 복음의 제사장 직분을 하게 하사 이방인을 제물로 드리는 것이
> 성령 안에서 거룩하게 되어 받으실 만하게 하려 하심이라
>
> _로마서 15:16

사도 바울은 자신에게 임한 최대의 은혜가 바로 하나님께서 자신을 그리스도 예수의 일꾼으로 삼으신 것임을 간증하고 있습니다. 일꾼은 원어적으로 '자기를 희생하여 공적인 일을 행하는 자'라는 뜻인데 제사장들

과 레위인들의 사역을 나타내는 데 주로 사용됐습니다. 사도 바울은 하나님의 사역을 위하여 구별된 자들을 언급하는 이 표현을 사용하면서 하나님께서 자신을 예수 그리스도의 복음을 이방에 전하도록 특별히 부르셨다고 자신의 사역을 밝혔습니다. 바울은 더 구체적으로 그리스도 예수의 일꾼 된 삶은 하나님의 복음의 제사장 직분을 감당하는 것이라고 강조했습니다.

앞의 성경 말씀을 보면 바울이 복음 전하는 것을 하나님께 제사드리는 것으로 해석했습니다. 여기에는 아주 중요한 의미가 담겨 있습니다. 창세기 3장 사건으로 인해 하나님과 원수 관계가 된 인간이 하나님과 화목하게 되는 길은 피 제사를 드리는 것입니다. 이 제사를 드리기 위해서는 제사장이 필요했는데 구약시대에는 아무나 제사장이 될 수 없었습니다. 그러나 예수 그리스도께서 이 땅에 오신 이후로 예수 그리스도를 믿는 하나님의 자녀에게는 누구나 이런 영적 제사장의 직무를 감당할 수 있는 특권이 주어졌습니다. 베드로전서 2:9의 말씀처럼 우리를 왕 같은 제사장으로 삼으신 것입니다.

사도 바울은 자신이 복음의 제사장으로서 이방인을 제물로 드리는 삶을 살았다고 간증했습니다. 이방인을 제물로 드린다는 것은 로마서 12:1~2 말씀의 적용입니다. 이방인도 자신들처럼 하나님이 기뻐하시는 거룩한 산 제물로 드리는 삶을 살 수 있도록 인도한다는 것입니다. 즉 하나님의 백성이 되어 하나님을 영화롭게 하는 예배자로 세우는 것입니다.

"눈먼 최선은 최악을 낳는다."라는 말이 있습니다. 무슨 말입니까? 아무리 최선을 다한다 할지라도 제대로 방향을 맞추지 못하면 오히려 더 큰 불상사를 일으킨다는 것입니다. 지금 현장의 불신 영혼들이 눈먼 최선을 다하고 있습니다. 인생의 참된 행복을 얻는 길을 모른 채 자신들의 방법을 따라 최선을 다해도 영원한 멸망 길에서 벗어날 수가 없는 것입니다. 이것이 바로 우리가 복음의 제사장 역할을 감당해야 할 분명한 이유입니다.

복음의 확장

그러므로 내가 그리스도 예수 안에서 하나님의 일에 대하여 자랑하는 것이 있거니와 그리스도께서 이방인들을 순종하게 하기 위하여 나를 통하여 역사하신 것 외에는 내가 감히 말하지 아니하노라 그 일은 말과 행위로 표적과 기사의 능력으로 성령의 능력으로 이루어졌으며 그리하여 내가 예루살렘으로부터 두루 행하여 일루리곤까지 그리스도의 복음을 편만하게 전하였노라 _로마서 15:17~19

사도 바울은 로마교회 성도들에게 자신이 이방인을 위한 복음의 제사장 직분을 감당하면서 나타난 현장 증거에 대해 간증하고 있습니다. 특히 바울은 예루살렘으로부터 두루 행하여 일루리곤까지 그리스도의 복음을 편만하게 전하였다고 말했습니다. 편만하다는 말은 '가득하게 하다', '충만하게 하다'의 의미입니다. 일루리곤은 지금의 크로아티아, 보스니아, 세르비아, 알바니아 지역을 말하는데, 일루리곤 지역의 아래에 지금의 그리스, 성경의 마게도냐가 위치해 있습니다.

　그래서 사도 바울이 예루살렘에서부터 일루리곤까지 복음을 편만하게 전했다는 것은 예루살렘을 거쳐 지금의 터키가 위치하고 있는 소아시아 지역, 마게도냐 지역을 포함해서 로마제국의 동쪽 지역에서 복음을 사실적으로 확장시켜 나갔다는 것입니다. 사도행전 13장에 보면 이 사역을 위해 쓰임 받은 교회가 안디옥교회입니다. 안디옥교회는 갈보리산에서 일어난 '오직 그리스도', 감람산 언약 '오직 하나님 나라', 마가다락방의 능력 '오직 성령 충만'이 무엇인지 알고 체험했습니다. 유대인과 종교가 놓친 복음과 선교가 무엇인지 알았던 것입니다. 그래서 안디옥교회는 바울의 로마제국 동편 선교를 위한 선교 기지로서의 역할을 사실적으로 감당했습니다.

　사도 바울이 로마교회 성도들에게 이런 내용을 전하는 이유가 무엇이겠습니까? 로마제국의 동편 지역에는 복음의 씨앗을 다 뿌려놓았으니 이제는 서편 지역을 향해서 나아가겠다는 말입니다. 로마서 15:23에 바울이 지금의 스페인인 서바나를 언급한 것은 로마제국 동편 지역 복음화를 위해 로마교회가 선교의 플랫폼 역할을 감당해달라는 것이었습니다. 로마교회를 플랫폼으로 남은 반쪽 지역의 복음화를 위해 자신이 언약적 도전을 하겠다는 것입니다.

사도 바울은 앞의 성경 말씀에서 자신이 복음의 제사장 직분을 감당하면서 나타난 이방인 복음화의 증거를 자랑한다는 표현을 사용해서 밝히고 있습니다. 그런데 사실 바울의 자랑은 자신이 무엇을 했다는 자기 자랑이 결코 아니었습니다. 바울은 수많은 이방인들이 자신을 통하여 복음을 받고 회심한 것은 전적인 하나님의 역사였음을 자랑했습니다. 앞의 성경 말씀에 나오는 "그 일은 말과 행위로 표적과 기사의 능력으로 성령의 능력으로 이루어졌으며"라는 이 말씀의 핵심이 무엇입니까? 하나님께서 나를 통해 역사하셨고, 이 일은 성령의 능력으로 이루어진 것이며, 내가 아니라 하나님께서 복음을 효과적으로 전하도록 성령의 능력으로 부어주셨다는 것입니다.

고린도전서 2:4~5에 보면 사도 바울이 이 부분에 대해 아주 사실적으로 간증하고 있습니다. "내 말과 내 전도함이 설득력 있는 지혜의 말로 하지 아니하고 다만 성령의 나타나심과 능력으로 하여 너희 믿음이 사람의 지혜에 있지 아니하고 다만 하나님의 능력에 있게 하려 하였노라" 우리가 복음의 제사장 직분을 감당하는 것은 사실 부담스러운 일이 아닙니다. 하나님께서 내게 주신 가장 큰 은혜라는 사실을 깨달아야 합니다.

미국 뉴욕의 소방서장을 지낸 휴 보너(Hugh Bonner)가 이런 말을 했습니다. "나는 잠을 잘 때 침대 위에 걸린 소방 벨 소리가 아무리 작게 울려도 그 소리에 민감해서 잠을 깨지만 아기 울음소리에는 끄떡없이 잠을 잔다. 그러나 내 아내는 정반대다. 그녀는 큰 벨 소리에도 잠을 잘 수 있지만, 아기가 바스락 소리만 내도 벌떡 일어난다. 이는 소리에 민감한 것이 아니라 사명에 민감하기 때문이다."

여러분은 어떤 소리에 민감하십니까? 우리는 복음을 증거하라는 하나님의 음성에 민감해야 합니다. 생명을 살리는 것은 우리의 사명입니다. 생즉명(生卽命), 살아 있다는 것은 누구나 다 사명이 있다는 것입니다. 여러분이 이 사실을 깨닫고 그리스도 예수의 일꾼으로서 복음의 제사장 직분을 감당하게 되시기를 예수 그리스도의 이름으로 축복합니다.

중단 없는 237 선교!

로마서 15:22~33

²²그러므로 또한 내가 너희에게 가려 하던 것이 여러 번 막혔더니
²³이제는 이 지방에 일할 곳이 없고 또 여러 해 전부터 언제든지
서바나로 갈 때에 너희에게 가기를 바라고 있었으니
²⁴이는 지나가는 길에 너희를 보고 먼저 너희와 사귐으로 얼마간
기쁨을 가진 후에 너희가 그리로 보내주기를 바람이라
²⁵그러나 이제는 내가 성도를 섬기는 일로 예루살렘에 가노니
²⁶이는 마게도냐와 아가야 사람들이 예루살렘 성도 중
가난한 자들을 위하여 기쁘게 얼마를 연보하였음이라
²⁷저희가 기뻐서 하였거니와 또한 저희는 그들에게 빚진 자니
만일 이방인들이 그들의 영적인 것을 나눠 가졌으면 육적인
것으로 그들을 섬기는 것이 마땅하니라 ²⁸그러므로 내가 이 일
을 마치고 이 열매를 그들에게 확증한 후에 너희에게 들렀다가
서바나로 가리라 ²⁹내가 너희에게 나아갈 때에 그리스도의
충만한 복을 가지고 갈 줄을 아노라 ³⁰형제들아 내가 우리 주
예수 그리스도와 성령의 사랑으로 말미암아 너희를 권하노니
너희 기도에 나와 힘을 같이하여 나를 위하여 하나님께 빌어
³¹나로 유대에서 순종하지 아니하는 자들로부터 건짐을 받게
하고 또 예루살렘에 대하여 내가 섬기는 일을 성도들이 받을 만
하게 하고 ³²나로 하나님의 뜻을 따라 기쁨으로 너희에게 나아
가 너희와 함께 편히 쉬게 하라 ³³평강의 하나님께서 너희 모든
사람과 함께 계실지어다 아멘

282 해방선언

선교 24

  앞의 성경 말씀은 로마서의 본론 마지막 부분입니다. 로마서의 전체 구조를 보면 사도 바울이 로마 교회 성도들에게 전하고자 한 목회적, 신학적 메시지는 로마서 15:13으로 다 끝이 납니다. 그리고 마지막 장인 16장의 말씀은 문안 인사와 찬양으로 마무리됩니다. 그 사이에 있는 앞의 성경 말씀을 통해 사도 바울은 자신이 해야 할 마지막 메시지를 하고 있습니다. 그것은 바로 선교였습니다. 사도 바울이 로마서를 기록한 핵심 목적 중 하나가 바로 선교입니다. 사실 선교하면 떠올리는 말씀은 사도행전입니다. 사도행전 1:8을 보면 예수님께서 부활 승천하시기 직전에 "오직 성령이 너희에게 임하시면 너희가 권능을 받고 예루살렘과 온 유대와 사마리아와 땅 끝까지 이르러 내 증인이 되리라"라고 선교의 미션을 주셨습니다. 사도행전 1:1의 오직 그리스도, 1:3의 오직 하나님 나라, 그리고 1:8의 오직 성령 충만의 언약을 붙잡고 땅 끝까지 예수 그리스도의 증인 된 삶을 살라는 선교 미션을 주신 것입니다.

  그런데 초대 예루살렘교회는 이런 선교 미션 실현에 미지근했습니다. 그래서 하나님께서 강제로 흩으신 것입니다. 그 시발점이 스데반의 순교 사건이었습니다. 스데반의 순교를 기점으로 예루살렘에 있는 교회에 큰 박해가 일어나서 사도 외에는 다 유대와 사마리아, 모든 땅으로 흩어지게 됩니다. 이때부터 사마리아 선교가 빌립 집사를 통해 시작되었고, 바울의 회심에 이어 사도행전 13장에 안디옥교회가 탄생하면서 본격적인 237 선교의 문이 열리기 시작한 것입니다. 안디옥 교회가 선교의 전진기지가 되면서 선교가 더 구체화되었습니다. 그 열매가 소아시아, 마게도냐, 로마로 이어진 것입니다. 사도행전에는 사도 바울을 통해 로마의 동편 지역 복음화가 이루어진 구체적인 선교 여정이 기록되어 있습니다.

그런데 로마서도 사도행전에 못지않게 선교에 방향이 맞춰져 있습니다. 사도 바울은 로마서를 시작하면서 이미 자신은 헬라인이나 야만인이나 지혜 있는 자나 어리석은 자에게 다 빚진 자라는 사실을 언급했습니다. 쉽게 설명하면 237 나라, 5천 종족이 복음을 증거 할 대상이라는 것입니다. 특히 로마서 15:16에 보면 하나님께서 자신을 그리스도 예수의 일꾼으로 삼으시고 또 이방인을 위한 복음의 제사장 직분을 감당하게 하셨음을 고백하였습니다. 그리스도께서 이방인들을 순종하게 하기 위하여 자신을 통하여 역사하셨음을 당당히 자랑할 수 있을 정도로 열매가 컸습니다.

사도 바울이 로마서를 기록할 당시에는 이미 1, 2, 3차 전도여행을 다 마친 상황이었습니다. 어떤 면에서 보면 이제는 쉴 만도 했으나 바울은 현실에 안주하지 않고 또 다른 선교의 비전을 가지고 있음을 로마교회 성도들에게 밝히고 있습니다. 사도 바울은 선교를 위해 태어났고, 선교를 위해 일생을 바쳤고, 선교하다가 순교한 선교의 대명사입니다. 한마디로 선교 24가 되어 마지막 순교의 순간까지 중단 없는 언약적 도전을 한 것입니다.

이런 말이 있습니다. "실패하는 사람은 늘 과거의 말을 한다. 평범한 사람은 현재의 말을 한다. 성공하는 사람은 미래를 말한다." 여러분의 삶은 어떠십니까? 사도 바울은 과거에 매여 있지 않았습니다. 뒤에 있는 것은 잊어버리고 앞에 있는 것을 잡으려고 푯대를 향하여 그리스도 예수 안에서, 하나님이 위에서 부르신 부름의 상을 위하여 달려갔습니다. 현실에 안주하지 않고, 미래를 향해 언약적 도전을 해 나가는 것이 하나님의 뜻과 계획입니다.

선교 열정

그러므로 또한 내가 너희에게 가려 하던 것이 여러 번 막혔더니 이제는 이 지방에 일할 곳이 없고 또 여러 해 전부터 언제든지 서바나로 갈 때에 너희에게 가기를 바라고 있었으니 이는 지나가는 길에 너희를 보고 먼저 너희와 사귐으로 얼마간 기쁨을 가진 후에 너희가 그리로 보내주기를

바람이라 _로마서 15:22~24

바울은 로마교회 성도들에게 자신의 선교 비전을 구체적으로 밝히고 있습니다. 지금까지 3차에 걸쳐 복음을 선포했던 로마의 동방 지역을 넘어 이제는 남은 서방 지역을 주목한 것입니다. 바울은 로마를 중심으로 당시 세상의 끝으로 여겼던 서바나, 지금의 스페인까지 갈 수 있기를 소망했습니다. 마치 하박국 선지자가 물이 바다를 덮음같이 여호와의 영광을 인정하는 것이 온 세상에 가득하게 되는 환상을 보고 비전을 가졌던 것처럼 바울의 삶은 세계복음화에 온전히 맞춰져 있었습니다. 사도행전 20:24에서 바울 스스로가 밝혔듯이 하나님의 은혜의 복음 전하는 일을 마치려 함에는 자신의 생명을 조금도 귀한 것으로 여기지 않았을 정도로 올인 집중했던 것입니다.

지금도 이슬람권이나 아프리카 중남미의 여러 나라에서 생명을 담보로 선교가 진행되고 있지만, 당시에는 지금과 비교할 수 없을 정도로 환경이 열악했고 위험천만했습니다. 사도 바울이 고린도후서 11:23~27에 이 사실을 밝히고 있습니다. "내가 수고를 넘치도록 하고 옥에 갇히기도 더 많이 하고 매도 수없이 맞고 여러 번 죽을 뻔하였으니 유대인들에게 사십에서 하나 감한 매를 다섯 번 맞았으며 세 번 태장으로 맞고 한 번 돌로 맞고 세 번 파선하고 일 주야를 깊은 바다에서 지냈으며 여러 번 여행하면서 강의 위험과 강도의 위험과 동족의 위험과 이방인의 위험과 시내의 위험과 광야의 위험과 바다의 위험과 거짓 형제 중의 위험을 당하고 또 수고하며 애쓰고 여러 번 자지 못하고 주리며 목마르고 여러 번 굶고 춥고 헐벗었노라" 그만큼 온갖 위험과 역경 속에서도 사도 바울은 선교의 열정을 가지고 중단 없는 선교를 진행했습니다.

사도 바울은 더 구체적으로 로마교회가 로마제국 서방 지역 복음화를 위한 전초기지가 되어 자신을 서바나로 파송해달라고 요청했습니다. "너희가 그리로 보내주기를 바람이라" 그런데 이런 사도 바울의 바람은 이루어지지 못했습니다. 사도 바울의 선교 여정은 로마에서 끝이 났기 때문입니다. 그러나 하나님의 선교는 중단 없이 또 다른 누군가에 의해 진행이 되게 되어 있습니다.

코로나19 팬데믹 이전에 세계적인 관광 코스로 인기를 끌었던 스페인의 '산티아고 순례길'에 대해 많이 들어보았을 것입니다. 직접 가 보신 분들도 있을 텐데, 산티아고는 'Saint(聖) 야고보'의 줄임말입니다. 이 길이 원래 예수님의 제자였던 야고보가 복음을 전하기 위해 걸었던 선교 여정 코스였다고 합니다. 스페인 선교를 위해서는 사도 바울 대신 야고보와 그 제자들이 쓰임 받았던 것입니다. 우리가 잘 보아야 할 것이 하나님 나라를 확장해 나가는 사역, 237 나라, 5천 종족 복음화는 어느 한 사람의 사역이 아니라 함께, Unity 사역이라는 사실을 놓치지 말아야 합니다. 그래서 여러분 한 사람이 너무나 소중한 것입니다. 내 삶이 선교적 가치가 있는 삶이 되어야 합니다.

그러나 이제는 내가 성도를 섬기는 일로 예루살렘에 가노니 이는 마게도냐와 아가야 사람들이 예루살렘 성도 중 가난한 자들을 위하여 기쁘게 얼마를 연보하였음이라 저희가 기뻐서 하였거니와 또한 저희는 그들에게 빚진 자니 만일 이방인들이 그들의 영적인 것을 나눠 가졌으면 육적인 것으로 그들을 섬기는 것이 마땅하니라 _로마서 15:25~27

바울은 로마로 가기 전에 자신이 먼저 해야 할 사역이 있음을 밝히고 있습니다. 이 사역은 예루살렘교회 성도들과 이방 성도들의 Oneness를 위한 것이었습니다. 당시 예루살렘에 큰 기근이 있었고, 교회 내에는 가난한 유대 성도들이 많이 있었습니다. 바울은 이들을 구제하는데 이방 성도들이 모금한 헌금을 사용하려고 했습니다. 이 일이 유대인 성도들과 이방인 성도들이 선입견과 편견을 내려놓고 서로 하나 됨을 이루는 중요한 기회라고 여겼기 때문입니다. 이 구제 헌금을 바울이 직접 가지고 예루살렘으로 가려는 것입니다.

바울은 이방인 성도들이 헌금을 모아 구제하는 것이 마땅하다고 말했습니다. 하나님을 떠나 완전 멸망 길로 갈 수밖에 없는 존재였다가 영원한 생명 길로 완전히 방향 전환을 할 수 있었던 것은 유대인들이 전해 준 복음 때문이었습니다. 그러므로 이방인들은 복음을 전해준 자들에게 빚을 진 것입니다. 신령한 일에 빚을 졌기 때문에 경제적으로 어려움을 겪고 있는 예루살렘교회를 지원하는 것이 당연하다는 것입니다. 우리도 마찬가지로 신령한 빚을 진 자들이라면 이제 우리가 빚을 갚아야 하는 차례입니다.

선교를 위해서는 물질적인 부분이 절대적으로 중요합니다. 선교지의 상황을 보면 정말 지원해야 할 부분이 차고 넘칩니다. 특히 복음 깨달은 선교 현장에 집중 투자가 이루어져야 합니다. 선교에 투자하는 것이 가장 가치 있는 투자입니다. 하나님의 응답 시간표는 선교를 중심으로 이루어집니다. 선교 언약을 붙잡은 나라를 중심으로 경제적인 축복도 이루어지는 것입니다.

19세기에는 영국이 세계 선교를 주도했습니다. 해가 지지 않는 나라라고 불릴 정도로 영향력을 행사했습니다. 20세기 들어와서는 미국이 그 바통을 이어받아 지금까지 선교 주도국의 위치를 지키고 있습니다. 그런데 그 뒤를 바짝 좇고 있는 한 나라가 있으니 그 나라가 바로 한국입니다. 땅덩어리, 경제 규모를 보면 비교 대상이 되지 않지만, 하나님께서는 우리가 선교에 대한 열정을 가지고 나갈 때 분명히 시대적으로 사용하실 것입니다.

선교 기도

형제들아 내가 우리 주 예수 그리스도와 성령의 사랑으로 말미암아 너희
를 권하노니 너희 기도에 나와 힘을 같이하여 나를 위하여 하나님께 빌어
나로 유대에서 순종하지 아니하는 자들로부터 건짐을 받게 하고 또 예루
살렘에 대하여 내가 섬기는 일을 성도들이 받을 만하게 하고 나로 하나님
의 뜻을 따라 기쁨으로 너희에게 나아가 너희와 함께 편히 쉬게 하라

_로마서 15:30~32

바울은 지금 로마교회 성도들에게 중보기도를 요청하고 있습니다. 우선
적으로 자신의 안전에 대한 중보기도 요청이었습니다. 마게도냐와 아가야
성도들이 거두어준 헌금을 가지고 예루살렘으로 가는 것은 생명을 걸고
가는 길이었습니다. 기회만 있으면 바울을 죽이려고 하는 유대교 열성분
자들이 도처에 호시탐탐 노리고 있었기 때문입니다. 또 한편으로는 자신
이 가지고 가는 헌금이 은혜롭게 잘 전달되기 위해서 기도 요청을 했습니
다. 교회 안에서도 바울의 사도권을 가지고 대적하는 자들이 있었고 아직
도 율법적 사고방식을 가지고 있는 사람들이 많았기 때문에 어떻게 이방
인의 돈을 받을 수 있느냐며 거부할 가능성도 있었던 것입니다.

앞의 성경 말씀을 보면 바울은 기도를 요청하면서 '권하노니', '힘을 같이하여'라는 표현을 사용하였습니다. 이 표현을 원문으로 보면 바울이 시급하고 간절하게 기도를 요청하고 있음을 볼 수 있습니다. '권한다'는 말은 지금 꾸물거릴 시간이 없으니까 빨리 기도해야 한다는 의미가 담겨 있습니다. '힘을 같이하여'라는 말은 마치 야곱이 천사와 씨름하듯이 전심전력을 다해서 기도해 달라는 의미입니다. 선교지는 사탄의 집중 공격 대상지입니다. 특히 사탄은 주특기인 이간질을 통해서 어떻게 해서든 분리시키고 하나 되지 못하게 합니다. 이 흑암 세력을 예수 그리스도의 이름으로 꺾는 것이 중보기도입니다. 하나님께서는 한 사람의 기도에도 분명히 응답하십니다. 그러나 여러 사람이 합심하여 기도할 때 역사하는 힘이 더 큽니다. 사도 바울이 사실적으로 이것을 체험했기 때문에 중보기도를 요청하는 것입니다. 중보기도는 마치 선교지에 영적 포격을 해 주는 것과 같습니다. 전쟁할 때 보면 먼저 보병이 진군하지 않습니다. 미사일이나 대포로 먼저 적진을 공격한 후 보병이 진군합니다. 중보기도는 이런 포 공격으로, 견고한 흑암의 진을 무너뜨리는 것입니다. 그러니 우리의 선교 기도가 얼마나 중요하고 가치가 있는지를 반드시 깨달아야 합니다.

선교 열정

19세기 영국에서 강력한 복음 전도와 이웃에 대한 구제 사역, 사랑의 사역들을 통해 잠들어가던 영국 사회에 지각 변동을 일으킨 사람이 있었는데, 그가 구세군 운동을 창시한 윌리엄 부스였습니다. 1904년 당시 왕이었던 에드워드 7세가 이런 역동적 변화에 감동을 받아서 윌리엄 부스를 궁에 초대하여 큰 치하와 함께 방명록에 글을 써달라고 요청했습니다. 이때 윌리엄 부스가 그 방명록에 아주 유명한 문구를 기록했습니다. "어떤 사람의 야망은 예술이다. 어떤 사람의 야망은 명성이다. 어떤 사람의 야망은 황금이다. 그러나 나의 야망은 사람들의 영혼이다."

여러분, 여러분의 야망은 무엇입니까? 만약 주님께서 우리에게 물어보신다면 뭐라고 답변할 것입니까? 여러분의 고백이 237 나라, 5천 종족 복음화가 되기를 바랍니다. 사도 바울이 보여준 그 선교 열정을 가슴에 품고 여러분의 삶의 현장에서 현장 선교사로서의 삶을 사시기 바랍니다. 이를 통해 여러분 모두가 237 나라, 5천 종족 복음화의 주역이 되시기를 예수 그리스도의 이름으로 축복합니다.

기록에 남을 동역자!

로마서 16:1~4

[1]내가 겐그레아 교회의 일꾼으로 있는 우리 자매 뵈뵈를
너희에게 추천하노니 [2]너희는 주 안에서 성도들의 합당한
예절로 그를 영접하고 무엇이든지 그에게 소용되는 바를
도와 줄지니 이는 그가 여러 사람과 나의 보호자가 되었음이라
[3]너희는 그리스도 예수 안에서 나의 동역자들인 브리스가와
아굴라에게 문안하라 [4]그들은 내 목숨을 위하여 자기들의 목까
지도 내놓았나니 나뿐 아니라 이방인의 모든 교회도
그들에게 감사하느니라

선교의 동역자

우리는 중단 없는 237 선교를 해야 합니다. 예수님께서 우리에게 주신 본질적 미션이 바로 237 나라, 5천 종족 복음화이기 때문입니다. 사도 바울이 가지고 있었던 그 선교 열정을 우리가 가슴에 품고 전 세계 현장에 유일성의 복음을 선포하며 그리스도의 절대 제자를 세워나가는 것에 올인, 집중하는 것이 우리 인생의 최고 가치, 절대 가치입니다.

사도 바울은 로마서를 마무리하면서 자신과 함께 복음의 확산을 위해 올인, 집중했던 동역자들을 마지막으로 언급했습니다. 바울은 이들을 언급하면서 '나의 동역자'라는 표현을 반복해서 사용했습니다. 그만큼 이들은 바울에게 소중한 존재들이었고, 바울은 이들에게 항상 감사하는 마음과 사랑을 가지고 있었습니다. 주의 일을 하면서 중요한 것은 함께하는 동역자가 있어야 한다는 것입니다. 이것을 좁은 의미로는 팀이라고 할수 있고, 넓은 의미로는 공동체라고 할 수 있습니다. 예수 그리스도와 함께 동역자와 함께의 사역이 되어질 때 큰 역사가 일어나는 것입니다. 로마서 16장의 인물들의 삶은 사도 바울이 기록으로 남길 정도로 목회적, 선교적 가치가 있었습니다. 그들의 사역 하나하나가 복음 운동의 이정표가 되었기 때문입니다.

경제적 플랫폼

내가 겐그레아 교회의 일꾼으로 있는 우리 자매 뵈뵈를 너희에게 추천하
노니 너희는 주 안에서 성도들의 합당한 예절로 그를 영접하고 무엇이든
지 그에게 소용되는 바를 도와 줄지니 이는 그가 여러 사람과
나의 보호자가 되었음이라 _로마서 16:1~2

사도 바울이 로마서 16장을 기록하면서 가장 처음 언급한 동역자가 뵈
뵈입니다. 뵈뵈는 여자 중직자인데, 바울은 그를 가리켜 겐그레아교회의
일꾼이며 자신과 여러 사람의 보호자 역할을 한 인물임을 밝히고 있습니
다. 여자를 인정하지 않던 당시의 문화적 배경으로 볼 때 여자 중직자를
가장 먼저 언급한 것은 파격적입니다. 당시 유대인 남자들이 아침마다 드
리는 기도 중의 하나가 자신이 여자로 태어나지 않고, 이방인으로 태어나
지 않게 해 주셔서 감사하다는 기도를 했을 정도였습니다.

유대인들의 모습을 보면 정말 창세기 3장 자기중심의 전형입니다. 하나
님의 뜻과 계획과는 전혀 상관없는 방향으로 자신들만의 마이웨이를 갑
니다. 특히 하나님께서 열방을 살리는 제사장 나라로 부르셨는데 오히려
자신들만 택함 받았다는 선민의식에 빠져 있었습니다. 그래서 그들은 노
예, 포로, 속국으로 처절한 징계를 받았음에도 여전히 바뀌지 않았습니
다. 영적인 눈이 열리지 않으면 창세기 3장 자기중심, 창세기 6장 물질 중

심, 창세기 11장 세상 성공 중심의 삶을 살 수밖에 없습니다.

사실 지금도 우리 사회에 여성 차별적인 문화가 완전히 없어지지 않았는데, 사도 바울 당시에는 어떠했겠습니까? 그런 상황에도 사도 바울이 뵈뵈를 제일 처음 언급한 것을 보면 그만큼 바울 사역에 뵈뵈가 큰 역할을 감당했음을 알 수 있습니다. 지금 바울이 쓴 로마서를 로마교회에 전달해 주는 역할도 뵈뵈가 감당했습니다. 당시의 서신은 지금의 성경처럼 손에 들고 다닐 정도로 단순한 종이가 아니었습니다. 두루마리에 기록되었기 때문에 굉장히 많은 분량이었습니다. 그리고 지금처럼 우편 체계가 갖추어진 상황이 아니었기 때문에 신뢰할 수 있는 개인을 통해 항상 모든 서신을 전달했습니다. 그만큼 뵈뵈를 신뢰하고 있었던 것입니다.

특별히 뵈뵈를 언급하면서 자신과 여러 사람의 보호자 역할을 했다고 밝혔습니다. '보호자'라는 말은 헬라어로 '프로스타티스'라고 하는데 유대 공동체에서는 법률적 조력자나 물질적 후원자의 의미로 쓰였습니다. 뵈뵈가 바울과 바울 팀을 위해 개인적으로 경제적인 후원을 했음을 보여주는 말입니다. 사실 사도 바울이 선교 초기에는 자비량 선교를 했습니다. 사도행전 18장에 보면 고린도 지역 선교를 할 때 처음에는 천막을 만드는 일을 통해 돈을 벌어가면서 사역했습니다. 여기에서 자비량 선교사를 지칭하는 'Tent Maker'라는 선교 용어가 나왔습니다. 그런데 사역이

점점 확산되다 보니까 이렇게 자비량으로 복음을 증거할 수 없게 되었고, 풀타임 사역을 하게 된 것입니다. 이런 바울의 재정적인 필요를 채워준 사람이 뵈뵈였습니다.

뵈뵈가 여성으로서 보호자의 역할을 했다면 로마서 16:23에 나오는 가이오는 남성으로서 보호자 역할을 했던 대표적 인물이었습니다. "나와 온 교회를 돌보아주는 가이오"라고 표현되고 있는데 그는 바울의 복음 사역뿐만 아니라 교회를 방문하는 전도자들을 환대하고 대접하여 식주인 역할을 감당할 정도로 경제력이 있었습니다. 이처럼 복음 운동을 하면서 물질적인 헌신은 떼려야 뗄 수 없는 관계입니다. 여러분도 뵈뵈처럼 전도자의 보호자 역할을 감당할 수 있을 정도로, 그리고 가이오처럼 온 교회의 식주인 역할을 감당할 수 있을 정도로 빛의 경제, 복음 경제 회복의 응답을 맛보시기 바랍니다.

사역적 플랫폼

너희는 그리스도 예수 안에서 나의 동역자들인 브리스가와 아굴라에게 문안하라 그들은 내 목숨을 위하여 자기들의 목까지도 내놓았나니 나뿐 아니라 이방인의 모든 교회도 그들에게 감사하느니라 _로마서 16:3~4

바울은 동역자의 모델로 브리스가 부부를 언급하고 있습니다. 이 부부는 고린도에서 사도 바울을 만나 복음을 깨닫고 평생 바울의 사역을 위해 동역했습니다. 바울이 이들 부부를 향해 "그들은 내 목숨을 위하여 자기들의 목까지도 내놓았나니"라고 참 놀라운 고백을 했습니다. 한마디로 생명 건 동역자라는 것입니다. 사도행전 18:18에 보면 이들 부부는 고린도에서뿐만 아니라 바울이 에베소 사역을 하기 위하여 떠날 때 하던 사업을 접고 에베소로 따라갔음을 볼 수 있습니다.

그리고 로마서 16:5에 보면 브리스가 부부가 바울이 이 서신을 쓸 때에는 로마에 있었음을 알 수 있습니다. "또 저의 집에 있는 교회에도 문안하라" 이미 바울의 로마 사역을 대비해 미리 문을 열어놓고 있었던 것입니다. 지금으로 말하자면 사전 캠프를 이들이 감당했습니다. 영적으로 척박한 현장에 개척자로 들어가서 흑암 세력과 영적 싸움을 싸우면서 본진이 들어올 때 효과적으로 사역할 수 있도록 모든 문을 다 열어놓은 것입니다.

그러니 바울이 나의 동역자라는 칭호를 붙이기에 전혀 주저함이 없을 정도의 영적 수준을 갖춘 것입니다. 사도행전 18:24 이하에 보면 이들은 에베소에서 언변이 좋고 성경에 능통했던 아볼로에게 팀사역을 했을 정도였습니다. 복음이 불분명했던 아볼로는 브리스가 부부의 팀사역을 통해 복음을 성경적으로 깨달았고 아가야 지역으로 건너가서 성경을 기반으로 예수는 그리스도라고 증언하여 놀라운 열매를 거두게 됩니다. '이처럼 바울의 사역적 플랫폼 역할을 브리스가 부부가 감당한 것입니다.

앞의 성경 말씀에 나오는 '동역자'라는 말은 헬라어로 '쉬네르고스'라고 하는데 '어떤 일에 동일한 목적과 한 마음을 가지고 함께 일하는 사람, 돕는 사람'을 의미합니다. 사도행전 6:4에 보면 사도들이 일곱 집사를 세운 후에 이런 말을 합니다. "우리는 오로지 기도하는 일과 말씀 사역에 힘쓰리라" 이 표현에 동역의 의미가 담겨 있습니다. 모든 일을 한 사람이 다 할 수 없습니다. 그렇기 때문에 하나님께서 주신 달란트와 재능을 살려서 교회 일들을 나누어서 하는 것입니다. 사실 능력 있는 리더는 모든 방면에 뛰어난 사람이 아니라 얼마나 많은 동역자를 가지고 있느냐에 달려 있습니다.

특히 이런 동역의 전제 조건이 있습니다. 그것은 바로 고린도전서 3:9의 말씀처럼 우리가 하나님의 동역자들이라는 사실을 먼저 인식하는 것입니다. 하나님의 동역자라는 표현은 하나님의 능력을 통해 하나님의 일을 하는 사람이라는 뜻입니다. 이런 영적 정체성이 분명할 때 사람과의 동역 또한 흔들리지 않고 지속할 수 있는 것입니다.

브리스가 부부를 비롯한 로마서 16장의 인물들은 바울이라는 한 인간을 바라본 것이 아니라 바울을 사용하시는 하나님의 뜻과 계획을 붙잡은 인물들이었습니다. 하나님께서 바울을 들어 시대적으로 사용하심을 깨닫고 하나님의 뜻과 계획을 성취하기 위해 바울의 어떤 인간적인 조건을 바라보지 않고 생명 걸고 바울 사역에 협력했습니다. 여러분도 브리스가 부부처럼 어떤 상황 속에서도 영적 본질에 집중하여 하나님 나라 확장의 플랫폼이 되시길 바랍니다.

심플한 신앙생활

「무조건 심플」이라는 제목의 책이 있습니다. 이 책의 부제가 '비즈니스 100년 역사가 증명한 단 하나의 성공 전략'입니다. 「80/20 법칙」의 저자였던 리차드 코치가 40년 연구를 통해 얻은 결론을 기록한 책인데 모든 성공 뒤에는 심플(단순함)이 있다는 것입니다. 모든 비즈니스를 심플하게 만들어야 한다는 것으로 대표적인 사례 중 하나가 애플의 아이폰을 들었습니다. 스티브 잡스와 애플은 이전에 있었던 기기의 버튼을 없애버리는 등 편의성, 유용성, 예술성을 높이는 데에 집중한 결과 놀라운 성공을 거두었습니다. 비단 제품뿐만 아니라 경영방식, 마케팅 광고 등에서도 애플은 단순화 전략을 통해 세계 최고 기업으로 등극하게 된 것입니다.

신앙생활도 이처럼 무조건 심플해야 합니다. 머리 굴리는 순간 당합니다. 하나님의 말씀 앞에 심플할수록 영적 성장을 하고 영적 영향력을 입혀나가는 것입니다. 로마서 16장의 인물들이 그랬습니다. 창세기 3, 6, 11장의 서론에 절대 매이지 않았습니다. 3오직으로 각인, 뿌리, 체질되어 하나님 나라 확장이라는 영적 본질에 집중하였습니다. 이를 통해 여러분 모두가 이 시대의 로마서 16장 인물로 기록되는 증거가 있게 되길 예수 그리스도의 이름으로 축복합니다.

237선교의 드림팀!

로마서 16:21~27

²¹나의 동역자 디모데와 나의 친척 누기오와 야손과 소시바더가 너희에게 문안하느니라 ²²이 편지를 기록하는 나 더디오도 주 안에서 너희에게 문안하노라 ²³나와 온 교회를 돌보아 주는 가이오도 너희에게 문안하고 이 성의 재무관 에라스도와 형제 구아도 너희에게 문안하느니라 ²⁴(없음)

²⁵나의 복음과 예수 그리스도를 전파함은 영세 전부터 감추어졌다가 ²⁶이제는 나타내신 바 되었으며 영원하신 하나님의 명을 따라 선지자들의 글로 말미암아 모든 민족이 믿어 순종하게 하시려고 알게 하신 바 그 신비의 계시를 따라 된 것이니 이 복음으로 너희를 능히 견고하게 하실 ²⁷지혜로우신 하나님께 예수 그리스도로 말미암아 영광이 세세무궁하도록 있을지어다 아멘

복음, 변화된 삶, 선교적 삶

사도 바울이 기록한 로마서의 말씀을 한 단어로 요약하라고 한다면 '복음'이라고 답을 할 수 있습니다. 그만큼 복음의 핵심과 복음의 모든 것이 기록되어 있다고 해도 과언이 아닙니다. 사도 바울은 자신이 하나님의 복음을 위하여 택정함을 입었다는 소개로 로마서를 시작합니다. 사실 사도 바울을 사도 바울 되게 한 것도, 그 생애를 뒤바꾼 것도, 로마서를 쓰게 한 것도 복음이었습니다.

사도 바울이 그렇게 간절하게 전하고자 했던 그 하나님의 복음은 바로 예수 그리스도입니다. 로마서 1:2~4를 보면 "이 복음은 하나님이 선지자들을 통하여 그의 아들에 관하여 성경에 미리 약속하신 것이라 그의 아들에 관하여 말하면 육신으로는 다윗의 혈통에서 나셨고 성결의 영으로는 죽은 자들 가운데서 부활하사 능력으로 하나님의 아들로 선포되셨으니 곧 우리 주 예수 그리스도시니라" 라고 되어 있습니다. 또 로마서 16장 마지막 부분을 보면 사도 바울은 예수 그리스도를 통해 주어진 하나님의 복음이 얼마나 소중하고 감격스러운지 이 복음이 나의 복음이라고 고백하면서 로마서를 마무리합니다. 하나님의 복음이 나의 복음으로 각인, 뿌리, 체질화되었다는 것입니다. 그리고 하나님의 복음을 위하여 생명 건

도전, 생명 살리는 도전을 일심, 전심, 지속으로 하고 있다는 고백입니다.

사도 바울은 로마서를 마무리하면서 자신과 함께 하나님 나라 확장을 위해 올인, 집중한 동역자들을 언급하고 있는데 이들이 바로 복음 전파의 드림팀이었습니다. 드림팀이라는 말은 최고의 구성원이 뭉쳐 최고의 팀워크를 발휘하는 팀을 말합니다. 1992년 바르셀로나 올림픽에 출전한 미국 농구선수단을 가리키는 용어로 처음 사용되었습니다. 바르셀로나 올림픽 전까지는 농구 경기에 프로 선수들이 참가할 수 없었습니다. 그런데 규정이 바뀌어서 프로 선수로 팀을 구성할 수 있었는데 이때 미국 NBA 최고 선수들이 나라의 명예를 위해서 한 팀으로 뭉쳤습니다. 마이클 조던, 스카티 피펜, 매직 존슨, 찰스 바클리 등 전설 같은 선수들이 미국 대표팀에 합류한 것입니다. 이들은 한 팀이 되어 어떤 팀도 흉내 낼 수 없을 정도의 환상적인 기량을 보여주며 압도적으로 금메달을 땄습니다. 이때부터 '드림팀'이라는 용어가 생기게 되었고 지금은 다양한 분야에서 사용되고 있습니다.

로마서 16장 인물들은 사도 바울과 함께 환상적인 팀워크를 이뤄 하나님 나라를 확장해 나간 복음 전파의 드림팀이었습니다. 이들이 있었기에 사도 바울의 복음 사역은 중단 없이 지속할 수 있었습니다. 우리 모두 다 예수 그리스도의 복음 때문에 존재하는 것입니다. 로마서는 이 복음 때문에 우리가 변화된 삶을 살게 되고 그 삶이 궁극적으로 선교적 삶으로 이어지는 것이 하나님의 뜻과 계획이라는 사실을 강조합니다. '복음, 변화된 삶, 선교적 삶'이라는 세 단어를 붙잡으시기 바랍니다.

성경적 전도 운동

우리가 지난 챕터를 통해 사도 바울의 경제적 플랫폼 역할을 했던 보호자 뵈뵈, 식주인 가이오, 바울의 사역적 플랫폼 역할을 했던 브리스길라와 아굴라 부부를 먼저 살펴보았습니다. 이번 챕터에서는 나머지 바울의 동역자들을 살펴볼 것입니다. 이들이 바울과 함께 성경적 전도 운동을 했다는 사실이 로마서 16장의 말씀 속에 담겨 있습니다.

그 핵심이 기초 다섯 가지인 다락방, 팀사역, 미션홈, 전문교회, 지교회입니다. 사실 이 기초 다섯 가지는 사역의 모든 것이라고 할 수 있습니다. 이 다섯 가지가 현장에서 얼마나 이루어지느냐에 따라 사역의 승패가 갈리는 것입니다.

다락방은 지속적인 말씀 운동의 현장입니다. 사도행전 5:42에 보면 "그들이 날마다 성전에 있든지 집에 있든지 예수는 그리스도라고 가르치기와 전도하기를 그치지 아니하니라"고 말씀하고 있습니다. 정해진 시간과 정해진 장소에서 지속적인 말씀 운동을 하는 것입니다. 예수가 그리스도 이심을 고백하여 인생의 출발점을 바꾸는 현장입니다. 이 시간을 통해 치유와 회복이 일어나게 됩니다. 특히 다락방은 모여서 말씀 운동만 하는 곳이 아닙니다. 말씀 운동의 궁극적인 목적인 지교회 운동할 요원을 찾는 것입니다. 그래서 기존의 양육과 차이가 있습니다.

말씀 운동하는 가운데 사명자를 발견하게 되면 팀사역을 하게 됩니다. 팀사역은 만남을 통해 짧은 시간에 복음으로 생의 답을 주는 것입니다. 사도행전 8장에서 빌립이 에티오피아 내시를 팀사역한 것이 아프리카 복음화의 문이 되었습니다. 사도행전 9장에 보면 사도 바울이 70인 제자 아나니아의 팀사역을 통해 이방을 위한 택한 그릇이라는 천명, 소명, 사명을 깨닫고 시대적 전도자로 서게 된 것입니다.

미션홈은 다락방과 팀사역을 통해 찾아진 제자를 확립시키는 사람과 집을 지칭합니다. 바울 서신과 그 전도 전략이 미션홈으로 전달된 것입니다. 미션홈을 하게 되면 가정, 가문이 살아나고 삶의 우선순위가 정해집니다. 이 미션홈에서 사명자들이 복음에 뿌리내리고, 변화되고 그리스도의 절대 제자로 확립되는 역사가 일어나는 것입니다.

전문교회는 기능, 직장, 산업의 축복을 누리는 현장입니다. 내가 일하는 삶의 현장에서 지속적인 복음 운동을 펼쳐나가는 것입니다. 기능과 직업을 중심으로 한 전문 사역을 가리킵니다. 로마의 지식인, 정치인, 경제인들을 변화시키는 플랫폼이 전문교회입니다. 지교회는 평일 교회, 매일 교회, 현장 교회를 말하는데 미션홈이 확장된 형태라고 보면 됩니다. 미션홈의 규모가 커지면 지교회가 되고 더 확장되면 건물을 갖춘 예배당으로 인도받는 것입니다.

지교회는 다섯 가지 기초 확산의 중심축이며, 이 안에서 지속할 전도 캠프팀이 배출되고, 전도 캠프를 통해 다섯 가지 기초가 재생산되는 것입니다.

로마서 16장 말씀에 보면 이런 전략이 잘 나타나 있습니다. 5절에 보면 사도 바울이 브리스길라와 아굴라 부부 집에 있는 교회에도 문안하라고 언급하고 있습니다. 브리스가 부부의 집이 미션홈, 지교회 역할을 한 것입니다.

로마서 16장에는 이외에도 네 개의 미션홈, 전문교회, 지교회가 더 나와 있습니다. 먼저는 10절에 있는 아리스도불로의 권속들이 운영한 미션홈입니다. 아리스도불로는 헤롯대왕의 손자이자 사도 야고보를 칼로 죽인 헤롯 아그립바 1세의 형제였습니다. 권속은 그 가문에 속한 사람들을 말합니다. 아리스도불로가 불신자였을 가능성이 크지만, 그 가문에 복음이 증거되어 말씀 운동이 일어나고 있었다는 것입니다. 두 번째는 11절에 있는 나깃수의 가족 중 주 안에 있는 자들에게 문안하라는 것입니다. 당시 나깃수 집안은 글라우디오 황제를 가깝게 도왔던 유명한 가정이었습니다. 세 번째는 14절의 아순그리도와 블레곤과 허메와 바드로바와 허마와 및 그들과 함께 있는 형제들로 이루어져 있었습니다. 여기서 블레곤만 빼고 모두 노예 이름입니다. 이들은 다른 형제들과 함께 특별한 지역이나 직업을 기준으로 모였는데 지금의 전문교회의 역할을 한 것입니다. 마지막은 15절의 빌롤로고와 율리아와 또 네레오와 그의 자매와 올름바와 그들과 함께 있는 모든 성도 그룹입니다. 빌롤로고와 율리아는 브리스가와 아굴라처럼 부부였을 것입니다. 율리아는 당시 로마 황실의 권속에 속하는 여성 노예 중에 흔한 이름이었습니다. 이들 부부는 황제 집안에 속한 노예 부부였을 것입니다. 그리고 이어지는 네레오와 그의 자매 올름바는 이들 부부의 두 딸이라고 봅니다. 따라서 황실 노예로 이루어진 말씀 운동 현장이었습니다.

위의 내용을 종합해보면 313년 콘스탄틴 황제에 의해 기독교가 로마의 국교가 된 이유가 무엇인지 알 수 있습니다. 사도 바울 당시 본격화되었던 말씀 운동의 흐름이 로마 황제 집안까지 중단 없이 흘러갔던 것입니다.

우리는 우리 삶의 현장에서 본격적으로 성경적 전도 운동을 펼쳐나가야 합니다. 그것이 237 선교로 이어지는 것이고 하나님을 가장 시원하고 유쾌하게 해 드리는 것입니다. 여러분 모두가 이러한 현장 회복의 드림팀으로 서게 되시기를 바랍니다.

견고한 복음 공동체

나의 동역자 디모데와 나의 친척 누기오와 야손과 소시바더가 너희에게 문안하느니라 이 편지를 기록하는 나 더디오도 주 안에서 너희에게 문안하노라 나와 온 교회를 돌보아 주는 가이오도 너희에게 문안하고 이 성의 재무관 에라스도와 형제 구아도도 너희에게 문안하느니라

_로마서 16:21~23

로마서 16장에서 사도 바울이 15절까지 언급한 인물들은 로마교회와 관련된 인물들이고, 21~23절까지의 인물들은 당시 사도 바울이 편지를 쓰고 있던 고린도교회와 연관된 인물들입니다. 여기에 보면 디모데와 가이오가 등장합니다. 디모데는 바울의 믿음의 아들로 불렸으며 분쟁 가운데 있던 고린도교회로 파송했을 정도로 복음 운동의 동역자 역할을 사실적

으로 했습니다. 그리고 바울을 대신해서 대필한 더디오도 나옵니다. 바울이 안질로 고통을 받아서 직접 글을 쓰기 힘든 상황이었으므로 더디오로 하여금 대필하게 했던 것입니다.

바울은 당시 고린도성의 재무관이었던 에라스도와 그 형제인 구아도를 언급했습니다. 에라스도는 고린도 지역의 재정을 담당하는 행정관리자였습니다. 가이오와 함께 에라스도는 고린도에서 상당한 영향력을 가진 인물이었습니다. 이들의 사회적 위치를 볼 때 경제적인 플랫폼이 되었을 뿐만 아니라 정치적으로 바울을 보호하는 중요한 역할을 했었습니다. 이 외에도 로마서 16장 인물로는 아시아에서 그리스도께 처음 맺은 열매인 에베네도, 교회를 위해 많이 수고한 마리아, 바울과 함께 갇혔던 안드로니고와 유니아, 사랑하는 암블리아, 동역자 우르바노와 스다구, 그리스도 안에서 인정받은 아벨레, 주 안에서 수고한 드루배나와 드루보사, 버시, 주 안에서 택하심을 입은 루포와 그의 어머니 등이 있습니다.

사도 바울이 로마서 16장의 인물들을 생각하면서 그들이 가졌던 중심, 사역적인 특징을 마치 별명을 붙이듯이 기록해 놓고 있습니다. 여기에 기록된 인물들은 후대에게 영적인 롤모델이 되고 있습니다.

형제들아 내가 너희를 권하노니 너희가 배운 교훈을 거슬러 분쟁을

일으키거나 거치게 하는 자들을 살피고 그들에게서 떠나라 이같은 자들
은 우리 주 그리스도를 섬기지 아니하고 다만 자기들의 배만 섬기나니
교활한 말과 아첨하는 말로 순진한 자들의 마음을 미혹하느니라 너희의
순종함이 모든 사람에게 들리는지라 그러므로 내가 너희로 말미암아
기뻐하노니 너희가 선한 데 지혜롭고 악한 데 미련하기를 원하노라 평강
의 하나님께서 속히 사탄을 너희 발 아래에서 상하게 하시리라
우리 주 예수의 은혜가 너희에게 있을지어다

_로마서 16:17~20

바울은 로마서를 마무리하면서 교회는 복음 공동체라는 사실을 강조하
면서 복음 공동체를 무너뜨리려는 어떤 사탄의 공격에도 흔들리지 말아
야 함을 밝히고 있습니다.

사탄의 가장 큰 공격은 예수 그리스도가 아닌 다른 것에 관심을 갖게 만
들어서 교회 공동체를 하나 되지 못하게 하는 것에 있습니다. 바울은 특
히 20절에 하나님은 평강의 하나님이심을 강조하고 있습니다. 평강의 반
대는 분쟁입니다. 사탄은 분쟁을 일으키게 만들지만, 하나님은 평강의 하
나님이시라는 사실을 놓쳐서는 안 됩니다.

절대 긍정의 사람

나의 복음과 예수 그리스도를 전파함은 영세 전부터 감추어졌다가
이제는 나타내신 바 되었으며 영원하신 하나님의 명을 따라 선지자들의
글로 말미암아 모든 민족이 믿어 순종하게 하시려고 알게 하신 바
그 신비의 계시를 따라 된 것이니 이 복음으로 너희를 능히 견고하게
하실 지혜로우신 하나님께 예수 그리스도로 말미암아 영광이
세세무궁하도록 있을지어다 아멘

_로마서 16:25~27

바울은 로마서를 마무리하면서 크게 두 가지를 강조했습니다. 무엇보다 예수 그리스도의 십자가 대속과 부활을 통해 주어진 복음의 참 진리가 나의 복음이 되어야 한다는 것입니다. 그리고 이 계시된 복음의 본질적 목적은 모든 민족이 믿어 순종하게 하는 것임을 강조했습니다. 한마디로 복음은 온 천하에 증거되어야 한다는 선교적 메시지로 마무리를 하고 있습니다. 우리가 237 선교의 드림팀이 되어야 한다는 것은, 당연성, 필연성, 절대성이 있는 것입니다.

「Big yes(빅 예스)」라는 제목의 책이 있습니다. 이 책을 보면 사람의 뇌에도 근육이 있다고 말합니다. 그래서 뇌도 단련해야 어려울 때 위기를 넘길 힘을 얻는다는 것입니다. 특별히 '빅 예스'를 외치고 사는 긍정의 사

람은 많은 것을 이룰 수 있다고 강조합니다. 그런데 우리는 이런 긍정에서 더 나아가 복음이 주는 절대 긍정의 사람이 되어야 합니다. 어떻게 이렇게 될 수 있습니까? 바로 Big Amen(빅 아멘)의 사람이 되면 됩니다. 여러분, 하나님의 말씀대로 내게 성취될 줄 믿는다는 빅 아멘의 삶을 사시기 바랍니다. 이를 통해 여러분 모두가 237 선교의 드림팀으로서 멋진 언약적 도약을 하는 그리스도의 절대 제자가 다 되시기를 예수 그리스도의 이름으로 축복합니다.

펴낸날 초판 1쇄 2023년 2월 1일
지은이 정은주
펴낸이 지무룡
펴낸곳 가스펠북스
기획 배성원
디자인 DALGROO
출판등록 109-91-93560
주소 서울시 강서구 화곡로 63길 65, 101호
전화 02) 2657-9724
팩스 02) 2657-9719
홈페이지 www.iyewon.org
값 16,000원

ISBN ISBN 979-11-981688-0-1
*잘못 만들어진 책은 구입처에서 교환해 드립니다.

가스펠북스